周易与中华文化

王树森 著

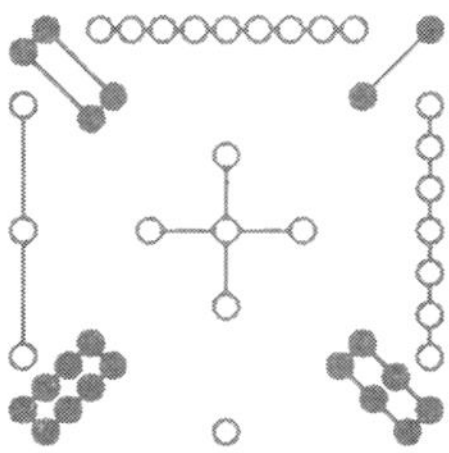

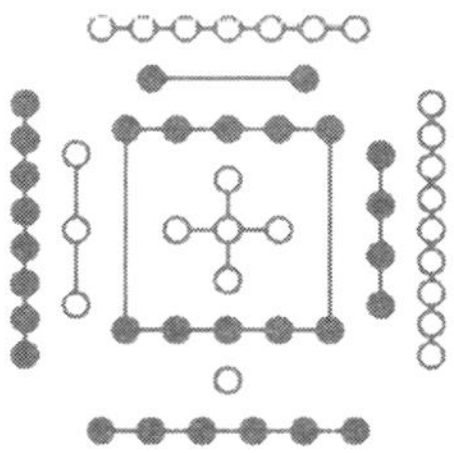

中華書局

图书在版编目(CIP)数据

周易与中华文化/王树森著. —北京:中华书局,2020.11
ISBN 978-7-101-14575-5

Ⅰ.周…　Ⅱ.王…　Ⅲ.①《周易》-研究②中华文化-研究
Ⅳ.①B221.5②K203

中国版本图书馆 CIP 数据核字(2020)第 088814 号

书　　名	周易与中华文化
著　　者	王树森
责任编辑	陈　乔
出版发行	中华书局 (北京市丰台区太平桥西里 38 号　100073) http://www.zhbc.com.cn E-mail:zhbc@zhbc.com.cn
印　　刷	北京市白帆印务有限公司
版　　次	2020 年 11 月北京第 1 版 2020 年 11 月北京第 1 次印刷
规　　格	开本/920×1250 毫米　1/32 印张 7　插页 2　字数 160 千字
印　　数	1-1500 册
国际书号	ISBN 978-7-101-14575-5
定　　价	45.00 元

目　录

上　编

下　编

序

《周易》一书，冠冕群经，对我国传统文化影响广远。《四库提要》云："《易》道广大，无所不包，旁及天文、地理、乐律、兵法、韵学、算术，以逮方外炉火，皆可援《易》以为说，而好异者又援以入《易》，故《易》说愈繁。"新中国成立后，学界对《周易》进行了有益的研究，颇多建树。近年来，随着思想、学术的活跃，可以说，形成了一个经久不衰的《周易》研究热。不同的学者依据不同的理论、应用不同的方法，从不同的角度，就《周易》中诸如政治学、经济学、军事学、哲学、美学、中医学等各个方面进行探讨开掘，各抒己见，各有所得。确是百家争鸣，百花齐放，令人感到欣喜。本书作者又从文化学角度进行探讨，无疑也是一个重要的具有现实意义的审视角度。

树森同志曾长期在我身边学习和工作。他勤奋好学，孜孜进取，研习群经，用力颇勤。十年动乱之后，虽天各一方，但仍时有书信往还，交流研习心得，现在，他又写成《周易与中华文化》一书，我兴奋之余，仅以此序表示祝贺。希望树森同志及诸位有志于总结、宏扬中华文化优秀传统的同志，再接再厉，取得更大的成绩。是为序。

佟冬

一九九三年二月十六日于长春

再版前言

本书的内容是我在二十世纪八十年代教授"《周易》与中华文化"专题课中的粗浅体会。一九九三年由中国工人出版社出版。在后记中我曾写道:"从事这样一个重大的文化课题的研究和写作,自己的积累不够,学养不足,认识肤浅";"虽非应时之作,却属急就之章。"初版之后,我仍从事有关《周易》的教学工作,深切感受到学术界对《周易》的认真研讨和社会民众对《周易》的热情关注。我也在思考,《周易》这样一部融汇占筮巫术和人生哲理的古代典籍,它的"魅力"究竟何在?我们阅读《周易》除了汲取有关学理,还应警惕些什么?近日,本书承中华书局再版发行,藉此机会简略地谈谈我近年来的一些想法。

一般说来,体现民族文化精神的古代典籍都是以文字符号来阐释客观规律、表达作者主观认知的,而《周易古经》却有重大不同。其一,思想内容方面,《周易古经》并非纯理性著述,而是远古人们占筮吉凶的记录。虽然有些卦爻辞表现着人们对生活的体悟,如《泰》卦九三爻辞:"无平不陂,无往不复",但总体上,《周易古经》是一部非理性的占筮之书。其二,表达形式上,《周易古经》由双重符号构成。一重符号是⚊和⚋(后世称为阳爻和阴爻)组成☰、

☷、☳、☴、☵、☲、☶、☱(后世称为八经卦),再由八经卦用不同的重叠方式组成六十四卦,统称为爻和卦。另一重符号是对爻和卦的文字说解,后世称为爻辞和卦辞。正是由于《周易古经》思想内容的复杂性和表达形式的双重符号,有的学者说,它给解读者提供的"并非是实证性的结论",而是"一种哲理性的原型","一种开放性的框架"①。从而给后世解读者(包括筮者、学者)以广阔的思想空间和发挥余地。是否可以说,《周易》的魅力就在于以有限的双重符号系统象征着客观物质世界和精神世界的复杂性,从而使后世不同时代的解读者作出无限的思考和发挥。下面,仅以《乾》《坤》两卦作简略说明。

先说《乾》卦。《乾》卦辞为"元亨利贞",意为筮得此卦者行事很顺利,并无深意。可是,后世的阐释者却利用汉字的多义性作出道义上的发挥。大家熟知,《左传・襄公九年》记载鲁国穆姜的解释:"元,体之长也;亨,嘉之会也;利,义之和也;贞,事之干也。体仁足以长人,嘉德足以合礼,利物足以和义,贞固足以干事。"这几句话,后来被录入《周易大传》中的《乾・文言》。文字稍有不同,文意根本未变。作为占筮之辞的"元亨利贞",经穆姜解释竟然成为中国古代伦理哲学的四个重要概念。可见,对《周易古经》的解说早在春秋中叶就出现了借助经文以阐释解说者自己思想的倾向。到了战国中后期,《周易大传》的作者们更是借助《周易古经》的卦爻和卦爻辞发挥其有关宇宙本原、万物衍变和社会人生的哲学思想。《乾》卦《彖》传:

大哉乾元,万物资始,乃统天。云行雨施,品物流形;大明

①冯天瑜《元典之树,何以长青》,载《人文论衡》,武汉出版社 1997 年,第 180 页。

> 终始，六位时成，时乘六龙以御天。乾道变化，各正性命。保合太和，乃利贞。首出庶物，万国咸宁。

《乾》卦《彖》传的文字分两层，每层兼言天道和人事。第一层讲“元亨”。“乾元”指乾卦所象征的纯阳之气，言《乾》卦象征着天地万物的本原。“统天”意为天道统领万物，具体表现为云行雨施，日升月降，万物有规律的生长，成熟，延续。“大明始终”至“以御天”，讲人事效法天道。读《周易·乾》卦要深察六爻由始至终的衍变。“始”言初爻之“潜龙”；“终”言上爻之“亢龙”。精准地把握《乾》卦六爻所体现的时机，这样才能驾驭天道，利用自然，服务于人事。第二层讲“利贞”。“利”，意为天道施利于万物，实言万物生长。“贞”，正也，言万物因天道施利而得其性命之正。“乾道变化”承上文重言天道运行，万物生长。“各正性命”承上文“品物流形”，言万物成熟，各有其独具的外在形体和内在品性。“保合太和”言万物“各正性命”实质上是阴阳二气融合的体现。“首出庶物，万国咸宁”，承上文“时乘六龙以御天”，再言人事效法天道。意为体道的圣人对天道先知先觉①，行天道于社会人事，于是天下安定和平。依据以上的简略说明，《彖》传的作者利用《乾》卦的卦象讲宇宙的本原，利用《乾》卦六爻的时位不同讲万物的发展变化，又以“太和”这一概念暗示阴阳二气和合而生万物的哲学思想，进而提出人事要遵从天道以达到天下和平的治国理念。这一切是《周易古经》中筮辞“元亨利贞”中所没有的，是《彖》传作者利用卦爻符号所生发的，是《彖》传作者思想观念的主观表述。

再看《坤》卦。其卦辞为：“元亨，利牝马之贞。君子有攸往，先

---

①明代哲学家王船山以“于人之当知者而先知之，于人之当觉者而先觉之”释“首出”，可从。参见《船山全书》第一册《周易内传》，岳麓书社 2011 年，第 54 页。

迷后得，主利，西南得朋，东北丧朋。安贞吉。”作为占筮之辞，其意约分三层。一、总体说来，占筮顺利，如筮问有关牝马之事则吉利。二、如占筮出行，行者可能先迷路，迷后又走上正路，接着又提醒出行者，往西南则有朋友同行，如往东北方向则一人独行。三、如占问平安与否，则吉利。和《乾》卦卦辞相同，《坤》卦卦辞只是回应筮问，并无深意。而《彖》传作者依然做出哲理性发挥：

> 至哉坤元，万物资生，乃顺承天。坤厚载物，德合无疆。含弘光大，品物咸亨。牝马地类，行地无疆。柔顺利贞，君子攸行。先迷失道，后顺得常。西南得朋，乃与类行；东北丧朋，乃终有庆。安贞之吉，应地无疆。

《彖》传作者把《坤》卦和《乾》卦联系起来加以阐释，其意约分为四层。一、提出“坤元”，作为与“乾元”相对应的重要概念。“乾元”即天道，是万物创始的本原；“坤元”即地道，是万物形体的生育者。在创生万物的过程中，天道为主导，地道处于从属地位，所以《彖》传说：“至哉坤元，万物资生，乃顺承天。”《彖》传中天地共同创生万物的思想，蕴涵着矛盾对立统一的辩证观念。二、盛赞《坤》卦品德醇厚，容载万物，与《乾》卦所象征的天德同样是无限的。“含弘”言其包容万物，“光大”言其博大“襟怀”。三、以牝马的属性形象地表现《坤》卦的柔顺品德。联系《坤》卦《彖》传，乾健而坤顺，天地合德，是辩证思想的进一步体现。四、最后两句“安贞之吉，应地无疆”，改变卦辞“安贞”二字的原意，以静释“安”，以定释“贞”，与《坤》卦柔顺的女性品德相符合。意谓效法大地的安宁静定方得无限的、永恒的存在。很显然，和《乾》卦《彖》传同样，《坤》卦《彖》传的上述思想内容并非《坤》卦卦辞所固有，是《彖》传作者借助《坤》

卦卦爻符号的发挥，是作者思想观念的表达。

同样，《象》传、《文言》、《系辞》乃至整个《周易大传》都在借助《周易古经》卦爻的外形特征赋予具体内涵。后世治《易》学者把卦爻的象征意义概括为卦象、爻位，进而推衍出之卦、互体等一系列《易》学用语，并以之表述不同的主观思想。可以说自战国以来，历代治《易》学者开创出一条借助有限的卦爻发挥无限哲思的新路径。这既是研治古代经典的学术路径，又是阐明有关宇宙人生理念的哲学路径。自汉代以来，治《易》学者分为象数和义理两派。以汉代孟喜、京房为代表的汉《易》学重视卦象自不必说，即使是以“取义说”排斥“取象说”的王弼也不否认《周易》卦象、爻象中涵有哲理。足见《周易古经》双重符号的形式特点在中国古代学术史和哲学史中的特殊作用。

《周易大传》中阴阳合德思想启示我们：现实世界中任何具体的客观事物和思想观念，都有矛盾对立的两个方面。有阴必有阳；有正必有负。《周易大传》也不例外，当然有人类发展过程中的负面思想。我个人以为，“圣人崇拜”就是我们应予警惕，并予剔除的负面思想。对此，本书第四章第三节“圣人知几”部分有粗浅说明。这里引录最后一段：

> 这种圣人崇拜，可以说是准神学意义的“天人合一”。它以“人”的认识能力绝对化为核心，适合历代封建统治者树立王权的政治需要，因而为封建统治者所宣扬、所利用，以至深远地影响着中华民族的心理，甚至以圣人之言作为推论的前提，直到今天，人们仍然习焉而不察。

下面再引录《周易大传》中有关圣人崇拜的几段文字稍事说

明。《乾·文言》：

> 夫大人者，与天地合其德，与日月合其明，与四时合其序，与鬼神合其吉凶。先天而天弗违，后天而奉天时。天且弗违，而况于人乎，况于鬼神乎！

这里所谓“大人”实即超越于现实社会的“圣人”。自然界的生育万物，日月的光照人类，春夏秋冬的有序循环，甚至“神灵”的预知吉凶祸福，都有“大人”的作用。这位“大人”甚至在“天象”之先采取某些行动，而“天象”竟然不违背其预见①。这位“大人”体现着自然规律（奉天时）。很明显，这位“大人”已“超凡入圣”，是宇宙规律（天道）的规定者（先天）和体现者（与天地合其德）。这样的“圣人”是封建帝王所期许的，崇拜圣人是封建意识形态的体现。

再看《咸》、《恒》两卦的《象》传：

> 咸，感也……天地感而万物化生，圣人感人心而天下和平。观其所感，而天地万物之情可见矣。
>
> 恒，久也……日月得天而能久照，四时变化而能久成，圣人久于其道而天下化成。观其所恒，而天地万物之情可见矣。

这里的“圣人”与《乾·文言》中的“大人”具有相同的“伟大品格”。天地交感则万物化生；“圣人”就在社会生活中体现天地交感，与民心相感通，使民众过着太平和乐的生活。自然界的日月光照万物，春夏秋冬在不断流变中生成万物，使万物在流变中永久存

---

①有些学者认为“天弗违”为“弗违天”的倒装句，亦通。

在；而“圣人”与日月、四时同样长久地感化民众，以使天下太平。《象》传所关注的“天下和平”、“天下化成”，很明显是“圣人”效法天地，与民心感通的结果。在关注民生的民本思想中透露出圣人崇拜思想。

在二十一世纪的今天，中华民族整体的文化素质有了明显提高。人们已经从过去对个人崇拜的思想怪圈中走了出来。但是还应当认识到，文化传统是在几千年的社会实践中形成的，它的弊端不可能在几十年的“思想解放”中得到清除。人们似乎还倾心于北宋哲学家张载所追求的“为天地立心，为生民立命，为往圣继绝学，为万世开太平”的当代圣人。事实上，人类进入文明时代以来，任何个人都是相对的存在，必然受所处时空的局限，只能在个人的、集团的、阶层的立场上去认识现实社会，认识历史传统，认识自然界；即使有所突破，也只能是相对的突破。任何学者的认识境界都是相对的。因此，我们不要把《周易古经》《周易大传》以及有关《周易》的学理著作视为思想和行为的指南，认为现实社会中真的有所谓“极深而研几”的圣人。我们只能在现实的日常生活中，调动个体的主观能动性，经过实践—认识—再实践—再认识去体悟相对真理。

《周易》一书内容复杂，形式独特。书中既有值得汲取的正面的真理性因素，又有应予剔除的谬误之处，致使《易》学研究领域乃至整个中华思想文化领域呈现出百花齐放的局面。既有桃花、梅花，又有罂粟花和毒草，才是真正的“百花齐放”。我个人以为，这才是《周易》的魅力所在。体会肤浅，权作再版前言。

王树森于二〇二〇年八月十五日

上　编

《周易》是我国古代一部奇特的文化典籍。它与一般的典籍不同之处是，除了表示占断吉凶的文字——“辞”，还包括占问方法、过程的“筮”和记录占筮结果的符号——“卦”和“爻”等巫术形式。它们产生于远古蒙昧时期先民们的占筮活动，自然体现着迷信内容；但其文字部分又记录着后世人们的生活感受，蕴涵着一定理性因素。年深日久，这类零散的占筮材料积累增多。至西周时，由王朝掌管占筮的巫史编纂成书，是为《周易》，本书称为《周易古经》，简称《易经》。这就从根本上决定了《周易》迷信与理性杂糅的性质。作为周朝的占筮官书，《周易》最初秘藏于王朝官府；后来，周室东迁，社会剧变，王官失守，学术下移，《周易》流传于诸侯封国，扩大了占筮范围。于是出现了不同的说解之辞。它们被后世易学研究者称为“春秋易说”。春秋末期，儒家创始人孔子重视《周易》中的理性内容，继承了春秋人解说《周易》的道德意识。战国时期的儒家后学适应着其时的理性思潮，融汇着不同的学术理论，对《周易》进行了富有创造性的说解。后人把这些有关《周易》的说解汇辑起来，称作《十翼》并挂在孔子名下，相对于《周易古经》而言，称为《周易大传》，简称《易传》。《周易》的经传两部成为儒家经典，位居群经之首，对中华民族的文化传统发生着复杂而深远的影响。

探讨《周易》的文化意义，不应无视今存《周易》经传是经过漫长的历史过程而逐渐形成的。我们首先要考察其历史来源，剥离其不同内容，究明其固有性质，才能进而评价其文化意义。为此，本编以八卦的起源、《周易》的编纂、“春秋易说”的内容和《周易大传》的构成为重点，试图描绘出《周易》经传发生发展的历史轮廓，作为讨论《周易》的文化意义的基础。

第一章　周易古经

《周易古经》本为占筮之书。《周礼·春官》:“大卜掌《三易》之法,一曰《连山》,二曰《归藏》,三曰《周易》。”《周易正义·序》引郑玄《易赞》及《易论》云:“夏曰《连山》,殷曰《归藏》,周曰《周易》。”是知,《易》为筮书之通名,《周易》为周代筮书之专名。高亨先生据《礼记·祭义》“易抱龟南面,天子卷冕北面”一节文字,推知“易初为官名,转为书名”,“易之为官,盖掌卜筮。筮官曰易,因而筮官之书亦曰易,犹史官曰史,史官之书亦曰史也”①。

《周易古经》包括六十四卦卦体及其卦爻辞,分上下两篇。自《乾》到《离》三十卦,为上经;《咸》至《未济》三十四卦,为下经。《汉书·艺文志》所载汉人《易注》均称“二篇”,说明《周易》分上下篇由来已久。今本《周易》中的《序卦》分两节文字,可能《周易古经》篇分上下始于战国。

①《周易古经今注》(重订本),中华书局 1984 年第 1 版,第 5 页。

第一节　八卦的起源

《周易》的奇特形式在于它以⚋、⚊两种符号(称作爻)组成八种符号集合体:☰、☷、☳、☴、☵、☲、☶、☱(称作卦);并以它们为元件,重迭、推衍成六十四卦。因此,了解《周易》,首先要了解八卦。

关于八卦的起源,传统的说法是"河出图,洛出书,圣人则之"①;"伏牺氏王天下,龙马出河,遂则其文,以画八卦,谓之河图"②。这是说,伏牺氏效法河图而作八卦。至于河图,宋朱熹称为邵雍所传,在其所著《易本义》中予以揭载,如下图:

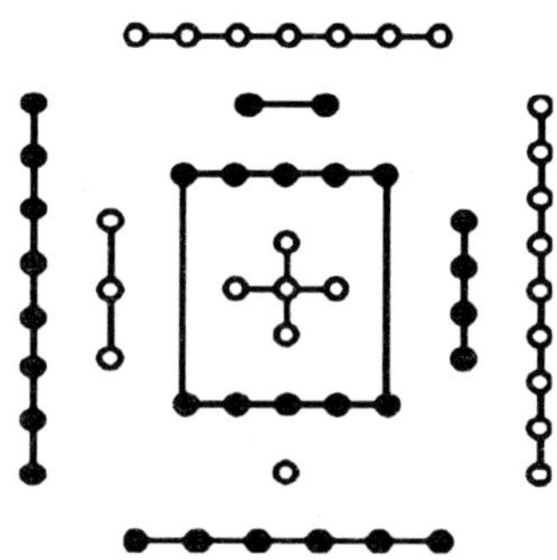

图中白点表示奇数;黑点表示偶数。其方位为一六居下,二七居上,三八居左,四九居右,五十居中,颇富神秘色彩;然于古无证,难以置信。即使有如朱熹所言之者,其图与八卦有什么真实的、必然的联系,迄今无人指实。上引《系辞》文字只能视为后人对天赐神物的远古传说的附会,无助于科学地解释八卦起源。值得注意的

①《周易·系辞上》,见高亨《周易大传今注》,齐鲁书社1979年版,第540页。

②《尚书·顾命》伪孔安国传,见《十三经注疏》,中华书局影印本上册,1979年版,第239页。

是,《系辞下》对八卦产生又提出了另一说法:“古者包牺氏之王天下也,仰则观象于天,俯则观法于地,观鸟兽之文,与地之宜,近取诸身,远取诸物,于是始作八卦,以通神明之德,以类万物之情。”这是说伏牺氏仰观天文,俯察地理,近取人类自身的器官构造,远取自然万物的不同特点,加以摹拟,才产生了八卦。这种看法抹去了“神物天授”的迷信色彩,表现了解说者认识论上朴素的唯物思想,在易学史上,在中国哲学史上自有其贡献。但它并没有抓住八卦作为原始巫术的本质特征,从具体的占问方式来说明其起源①。因此,后世易学家多所不取②。

近世学者研究八卦多求实求真的科学态度。本世纪二十年代初,历史学界在西方史学理论的影响下,力图对中国古代文献和古代历史作出新的解释,出现了以顾颉刚为代表的“古史辨”派。以“疑古”自诩的钱玄同首先以生殖崇拜重新解释八卦的起源。他在《答顾颉刚先生书》中说:“原始的八卦是生殖崇拜时代的东西;乾坤二卦即是两性生殖器的记号。初演为八,再演为六十四……”③郭沫若原来因袭此说④,一九四五年又改变了上述看法,认为“八卦是既成文字的诱导物”⑤。他认为,八卦中坎卦象征水,卦形为☵,是古文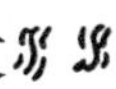拉直而横置起来所成;坤卦☷,是由川字变化而来;☳、☱是震兑两字的省略;☰为天,天古文作,稍加修正便形成☰的卦形;☲象征火,铭文火字多作,修正省略,可以得到☲卦形;其它巽

①说者或以《噬嗑》的卦形象人之口齿,以证明八卦是圣人“近取诸身”的摹绘。然仅属孤证,难以说明《周易》六十四卦的缘起。

②关于《系辞》中八卦起源的两种看法,本书第三章第一节将作讨论。

③《古史辨》第一册,上海古籍出版社 1982 年第 1 版,第 77 页。

④详见《中国古代社会研究》中《周易时代的社会生活》一文。

⑤详见郭沫若《青铜时代》,中国人民大学出版社 2005 年,第 66—69 页。

☴、艮☶两卦，郭以为很难解说，存而不论①。六十年代，于省吾根据《左传》、《国语》中有关“三坟、五典、八索、九丘”的记载，参之以金川彝族的绳占法，认为“八索”即八索之占，从而提出了八卦起源于八索之占的新见解②。此外，有些学者认为八卦是龟卜兆文的衍化③，等等。

上述诸家探讨八卦起源较之传统说法，大有前进。或拨去神学迷雾，或结合原始崇拜，或着眼于占筮的特点，持之有故，言之成理。笔者以为，这些探讨仍然没有从八卦所蕴含的周民族的原始筮法，提出令人信服的解答。生殖崇拜说的不足之处是浮泛。中国原始社会时代确曾存在过生殖崇拜，也形诸文字④。但与⚊、⚋符号相距较远，很难看出由“且”和“匕”向⚊、⚋衍化的脉络。郭沫若应用修正，省略，颠倒文字结构的方法带有明显的主观随意性，用以探讨严肃的科学问题，极易导致结论的失真。文字诱导说的前提是卦象，☰为天、☷为地，☳为雷、☴为风，☵为水，☲为火，☶为山，☱为泽，是《说》卦的解释，无征于《周易古经》。我们仔细考察《周易古经》，发现其中并无卦象⑤，更何况早于《周易》的八卦。上述八卦起源理论共同认为八卦当产生于原始社会。从原始思维的特征来看，原始先民还没有发展到以抽象的符号来象征具体的自然现象的程度。就八卦卦形与天地水火等字的古文字形的关系来看，既可以说八卦是既成文字的诱导物，又可以说天地水火等古

①详见《青铜时代》第66—69页。

②详见《周易尚氏学序言》，载尚秉和著《周易尚氏学》，中华书局1980年版，第1页。

③余永梁《易卦爻辞的时代及其作者》，载《历史语言研究所集刊》第一本第一分册；屈万里《易卦源于龟卜考》，载《历史语言研究所集刊》第二本；本田成之《作易年代考》，载江侠编《先秦经籍考》；上列三文均收入黄寿祺、张善文编《周易研究论文集》第一辑。

④参见郭沫若《释祖妣》，“且”为男根之形，“匕”为女阴之象。

⑤参见陈金生《周易与中国哲学》，载《文史》第14辑，中华书局1982年。

文字形是八卦的诱导物。由☰导出草书之天，由☵导出隶书之水等①。郭沫若那种颠倒修正八卦卦形以求得与古文字衍化关系的做法，不能科学地解释八卦的起源。

八卦起源于八索之占的主张，获得了少数民族占卜习俗的佐证。据载："四川阿坝地区藏族用牛毛绳八根随便打结丢在地上，如果是三次，最后看三次所得结绳数的排列关系，以定吉凶。"②如果把少数民族的绳占同"八索"联系起来以说明八卦的起源，必须解决如下两个问题。（一）"八索"是否即八索之占。"八索"一词见于《左传·昭公十二年》。楚灵王与右尹子革谈话时，称左史倚相为良史，因其"能读三坟、五典、八索、九丘"。杜预注："皆古书名。"这四种古书早已亡佚，无从指实。后世注家，各有臆测，虽聚讼纷纭，其以为书名，无一例外。如以八索之占释"八索"则与上文"能读"不合。尽管今世少数民族有以八条牛毛绳掷地而占的方法，似乎不能断定"八索"即为八索之占。此其一。（二）退一步讲，"八索"即少数民族的绳占法，将有结的八条绳索掷地而后，视绳上结数的排列次序，以数字或符号记录下来，就是八画卦（姑且名之）。由这类八画卦到☰、☷等八个三画卦，其间必有一个简化的过程。就繁简而言，事物的发展可能有两个方向，一是由简而繁，一是由繁而简，因之我们不能绝对地排斥筮卦在其产生过程存在着简化。我们可以作如下两种设想：一是由八画而六画，而三画；二是由八画而四画，而三画。由八画而四画，或由六画而三画，后者是前者的二分之一，按照人们的习惯，是可以出现的简化方法，不必去追求其个中缘由。而由八画而六画，或由四画而三画，则必须有特殊

---

①参见马宗霍《文字学发凡》，商务印书馆 1935 年版。

②汪建生《八卦起源》，载《考古》1976 年第 4 期。

的考虑。这样看来，无论哪种设想，由八画简至三画，过程缭绕，难以究明，恐非实际。更何况，八卦产生于原始社会，那时先民的思维还不可能达到由繁化简，以简驭繁的较为发达、较为高级的程度。鉴于上述两点的扞格难通，八卦起源于八索之占的说法，很难令人置信。

《史记·龟策列传》："飞燕之卜顺，故殷兴；百谷之筮吉，故周王。"可知，卜行于殷；筮盛于周。以八卦行筮是周民族创造的占问神意的特有方式。它与商民族以龟卜问神是两个民族不同的占问方式。春秋时期的晋大夫韩简曾明确指出："龟，象也；筮，数也。"① 这是说，卜用龟，灼之而出兆，视其兆象而测吉凶；筮用蓍，揲之而成卦，视其策数而见祸福。考之古代文物和历史文献，商人尚龟卜，周人重蓍筮。龟卜和蓍筮——这两种不同的占问方式，显示着商周两个民族不同的文化背景。应该说明的是，有关周王朝的古代文献和近年周原出土的卜骨表明周民族也在应用龟卜，但那是周民族同殷商文化发生接触以后事情。因此，在探寻周民族古老的占筮方式——八卦起源的时候，我们不能把不同民族当时尚无文化接触的不同占问方式勉强地拉扯在一起，以一种占问方式（龟卜）作为另一种占问方式（蓍筮）的源头。

这样，解决问题的关键已经明显了，即上引韩简所说的"筮，数也"。数，是八卦乃至《周易》占问方式的本质特征，把握住它，就抓住了问题的核心；离开它，将使问题的探讨偏离方向。探讨八卦和数的关系，我们仍需借助于《易传》的有关文字。笔者认为，《易传》的主要部分是战国后期儒家者流所撰写。撰写者的主要目的不在于严肃地解释《易经》中的各种问题，而是借《易经》以立说，发挥儒

---

①《左传》僖公十五年，详见杨伯峻《春秋左传注》第1册，中华书局1981年版，第365页。

家内圣外王之道。但是它毕竟是迄今为止专事解说《易经》的最早文献。其中保存了先周时期有关蓍筮和八卦的若干材料，即使这些材料经过了《易传》作者们的润色、增饰、改造，只要我们拨去其中后人的附会，便会发现八卦以至《周易》这座神秘殿堂的若干消息，对于我们探究八卦的起源，有着重要意义。其中的消息之一，便是“数”的观念：

> 大衍之数五十有五①，其用四十有九。分而为二以象两，挂一以象三，揲之以四以象四时，归奇于扐以象闰，五岁再闰，故再扐而后挂。
>
> 天数五，地数五，五位相得而各有合。天数二十有五，地数三十。凡天地之数五十有五，此所以成变化而行鬼神也。
>
> 乾之策二百一十有六，坤之策百四十有四，凡三百有六十，当期之日。二篇之策，万有一千五百二十，当万物之数也。
>
> 参伍以变，错综其数。通其变，遂成天地之文；极其数，遂定天地之象。非天下之至变孰能与于此？
>
> 天一，地二，天三，地四，天五，地六，天七，地八，天九，地十。
>
> ——以上见《系辞》
>
> 圣人之作易也，幽赞于神明，参天两地而倚数。
>
> ——《说卦》

上引《易传》文字的文化内涵我们将另行讨论。这里只是简要地指出几点：(一)这些文字表现了数分奇偶的观念。天数：一三五七

①此句通行本《周易》作“大衍之数五十”。今据金景芳先生说补。

九，即奇数；地数：二四六八十，即偶数。这是人们对数的原始的简单的划分。《易传》写作的时代，人们的数学思想大大超越于这种对数的原始的简单的划分，当是远古先民即八卦产生时代人们对数的认识。数分奇偶是八卦起源的观念基础。（二）这些文字反复强调，《易》之所以为《易》就在于数的区分和组合，隐括着事物的变化（“成变化”），起着预测神意，指挥人事（“行鬼神”）的作用。这可以说是数变崇拜与神学世界观的糅合。（三）《系辞》中“大衍之数”一章历来被认为是古代筮法。其间的奥秘就是数的运算在有限范围内的规律性。其中记述的“四营而成卦”的过程是相当繁复的。筮法的繁复是占问者经过相当长的时间行筮之后，改变筮法以示郑重的结果。这当是《易经》编定后，社会上较为通行的筮法。循此上溯，可以推知，八卦起源于数的区分奇偶，排列组合，即所谓“参伍以变，错综其数”。（四）所谓“乾之策”、“坤之策”的“策”，说者皆以为蓍草。据《史记・龟策列传》载，蓍草百茎共一根，岁生一茎，百年生百茎，与众草不同，视为神物，故筮用蓍草。这是汉人的记述。考：策，从竹，非草类。最初的占筮用具当是小的竹杆，故曰策。后世筹策同意，用以谋划①，表明策的最初功用是所以计数而定疑。上述四点便是《易传》透露出来的有关八卦起源的重要消息。它隐约地暗示我们，八卦不是起源于生殖崇拜，而是数的崇拜；八卦不是产生于既成文字或龟卜兆文的衍化，也不是绳结的数字记录，而是用短小的竹杆（策）推衍出来的数的变化。这便是我们探讨八卦起源的支点和途径。

---

①《史记・留侯世家》载：“良数以《太公兵法》说沛公，沛公善之，常用其策。”是知“策”为谋略之意，又载刘邦与张良对话：“良对曰：‘臣请藉前箸为大王筹之。’”这里的“筹”为动词，引申为谋划之意。详见《史记》第6册，中华书局1959年版，第2036页，第2040页。

近年来,学术界循此途径对八卦的起源作了有益的探讨。汪建生同志考察了四川凉山彝族的占卜习俗,介绍了彝族的“雷夫孜”卜法:“毕摩(彝族巫师)取细竹或草杆一束握于左手,右手随便分去一部分,看左手所余之数是奇是偶。如此进行三次,即可得出三个数字。有时亦可不用细竹或草杆,而用一根木片,以小刀在上随便画上许多刻痕,再将木片分成三个相等部分,看每部分刻痕共有多少,亦可得出三个数字。”①然后毕摩根据这三个数字的奇偶及其先后排列,预测吉凶,决定行事。凉山彝族的两种占问方式虽有差异,其实质却是一致的,即数分奇偶,占必三次。这类占问方式,尤其是前一种用细竹或草杆的占问方式,很自然地和《系辞》中“易有太极,是生两仪,两仪生四象,四象生八卦”的记载联系起来。对“易有太极”四句,当代著名学者张岱年先生认为,“太极即是天地未分的原始统一体。《系辞上》的太极为天地的根源。这是一种朴素的唯物论观点”②。笔者以为《系辞》作者巧妙地运用了语意双关的方法,既简要表述了天地起源的观点,也透露出八卦产生的过程。所谓“太极”指宇宙的本原,然联系下文“八卦”也兼指行筮过程中未分之竹策,亦即如四川彝族占法中的一束细竹杆。所谓“两仪”,既指天地,也兼指行筮中分而为二之后左右两手各握之竹策。这是初筮的结果。所谓“两仪生四象”,如《礼记·礼运篇》所说的“礼必本于太一,分而为天地,转而为阴阳,变而为四时”,具有宇宙生成论的意义。“四象”亦可理解为再筮结果的四种情况。具体说来,初筮为奇数再筮仍为奇数者,则记以⚌;再筮为偶数者则记以⚍;初筮为偶,再筮为奇者则记以⚎;再筮仍为偶者则记以⚏。这就

①汪建生《八卦起源》,载《考古》1976年第4期。

②见张岱年《论〈易大传〉的著作年代与哲学思想》,文载《中国哲学发微》,山西人民出版社1981年版,第374页。

是四象。按占必三次的通则,进行三筮,则可能出现八种情况,推衍过程如上,兹从略。如以符号记录下来即是☰、☷、☳、☶、☲、☵、☱、☴。这就是“四象生八卦”。所谓伏牺八卦,卦有三爻,实为筮必三次所得各种结果的记录。

根据《易传》中有关文字曲折内涵的索隐和少数民族占问方式的佐证,我们可以推测、描述八卦起源的大致情况:远古先民在生活中对数有了奇偶认识,看到数的奇偶变化,感到神奇,产生了对数变的崇拜。于是,以“数”来测神意,定吉凶。其用具是细小的竹杆。占问过程称之为“筮”。《说文》“筮,从竹,从巽。巽古文巫字”。从竹,言筮策以竹为之;从巫,言筮者通于人神。最初的筮法是,筮者以左手握若干竹杆,以右手任意分之,然后视左手所余数之奇偶,记其数字,三占而定,画而为卦。

这里有必要对数分奇偶、占必三次和变记数字而为符号,稍事说明。

自有人类,人分男女;男女配合是人类在社会生活中最初的也是最基本的结合。这种结合使人类的社会生活得以和谐进行并繁衍种类。《周易·序卦》说:“有天地然后有男女,有男女然后有万物……”《庄子·则阳》说:“雌雄片合,于是庸有。”足见古人对人类之间男女配合、生物之间的异性结合,是怎样的重视。先民从日常生活的大量现象中提炼出一个认识:成双成对则通,则顺,是为吉;反之,孤独无偶则穷,则困,是为不吉。“尚偶”观念当是中华民族由来已久的传统心理。推之于数,则偶数为吉,奇数为不吉,甚或凶。《史记·李将军列传》载李广身经七十余战,屡建奇功,然终生不得封侯,故汉武帝说他“数奇”。可以推知,先民最初行筮只是视筮得数之奇偶以断吉凶。

占需三次是先民们敬神意识的表现。《尚书·洪范》:“三人占，从二人之言。”意谓由不同的三个人来占问，以其中二人相同者为占断。《洪范》虽非殷末箕子所作，应该承认其中保存了古代遗说。“三占从二”当是远古先民占问行为的通行准则。筮需三次可能由于远古懂巫术的占筮专家的稀少，由三人占筮，改由一人占筮三次；也可能占筮者出于某种客观条件的限制或者主观心理上的障碍，对初筮结果不肯置信，或者出于郑重其事，而请求再筮、三筮。

把占筮结果以符号记录下来，其间的衍化过程是怎样的？张政烺《试释周初青铜铭文中的易卦》一文作了令人信服的回答。该文考察了现有出土文物中的“奇字”，认为它们是易卦产生过程中直接以古文数字记录的卦。卦中使用从一到八共八个数字，出现频率最高者是一、五、六、七、八。该文《补记》又统计了1978年湖北江陵天星观战国时期楚墓竹简上的易卦。其数字出现最多者为一和六[①]。一为奇数，六为偶数，很易联想到一衍化为阳爻⚊，六衍化为阴爻⚋。考阜阳竹简《临卦》作，马王堆帛书《周易》作，今本《周易》作䷒。其间衍变的痕迹清晰可寻。即∧断裂为，再整化为⚋。十分明显，阳爻⚊由数字一衍化而来，阴爻⚋由数字六衍化而来。这样，易卦本身完成了由数字记录到符号表示的衍化过程。今阴爻⚋称六，这称呼就表示它是数字六衍变的结果；至于⚊称九，也当从自然数的次序与变化中去理解。一为数之始，逐一相加，经二、三、四、五、六、七、八而到九，再加一，就是十，亦即十进位中，十位数的一。“九”在自然数中处于较为特殊的地位。它临近个位数的终结，十位数的开始。所以《易纬乾凿度》说“一者形变之始”，“九者气变之终”。静止地看一与九判然有别；变化地看一变而为

①详见《考古通报》1980年第4期。

九;九复变而为一,一与九是相通的。易卦本由数字变化产生;组成卦的爻,自然也融注着作卦者的变化思想。一可以称九。由数字一衍化而成的符号一,故称九。

今见文物中有六数卦、四数卦(均见上文所引)和三数卦如①②。究竟是三画卦在先,还是六画卦在先,还是四画卦在先?抑或三者同时出现?有的学者认为"在画卦以具体数记录的原始阶段,完全是占几次,记录几个数,没有由三个数到六个数重迭的可能,可能倒是相反,由六个数到三个数的简化"③。笔者以为,在"尚偶"观念支配下的占筮行为,占必三次,三占从二,很有可能是当时行筮中被人们普遍接受的通则。正因为占必三次,所以才卦有三爻。如这一推论可信,则三画卦在先,是不成问题的。惟四数卦的出现缘由不明。姑存不论,以俟高明。

第二节 《周易》的形成

《汉书·艺文志》说:"易道深矣!人更三圣,世历三古。"这代表了有关《周易》的传统看法:即伏牺氏画八卦(上古);周文王衍为六十四卦并系卦爻辞(中古);孔子做《十翼》(近古)。八卦产生于原始社会,我们不泥于"圣人制易"的传说,以伏牺氏代指其世,大体不误。《十翼》非《周易》本经,乃解经之传,不是孔子所作,自欧阳修以来古今学者多所辨证,已为今世学术界所公认。这里仅就《周易》经部的成书作简略陈述。

①见于省吾《商周金文录遗》,科学出版社 1957 年版,第 253 页。

②于省吾《三代吉金文存》卷三,中华书局 1983 年版,第 18 页。

③楼宇烈《易卦爻象原始》,载《北京大学学报》1986 年第 1 期。

关于《周易》的成书年代，学术界主要有三说：（一）西周初年说，以顾颉刚为其代表①；（二）西周晚期说，以李镜池为代表②；（三）战国初年说，郭沫若倡此说③。上述三说不依傍古人的传统见解，别求蹊径。主要方法是：（一）考察《周易》卦爻辞中的历史故事、历史材料及其所反映社会政治经济思想状况；（二）考察《周易》卦爻辞的表现方法和修辞方式（以上两项可称之为内证）；（三）考察先秦文献中有关《周易》的引述和记载、评论（可称之为外证）。把三者结合起来，推论《周易》成书的年代，其方法是科学的。

然而，我们面对的《周易》，是一部由上古流传至今的典籍，需要究明的不只是古代《周易》的产生年代和编纂情形，同时也需要探讨今本《周易》的形成过程。这一探讨有助于我们进一步考察这部卜筮奇书在中国文化发展中具有怎样的作用和地位。对此，李镜池说："《周易》是编纂而成的，其卦爻辞亦必很复杂，现存的样式，难保不是经过第二次的编纂。"④当今有的学者指出："今本《周易》是经过战国儒家改编的本子，所谓《连山》、《归藏》，其实就是改编以前的两种古本。"⑤经前辈学者的启示，本书以为，今本《周易》的形成有一个重卦、初编、修改的过程。具体说来，西周以前周民族的文化代表重卦并衍为六十四卦；西周晚期掌管卜筮的史官综

---

①顾颉刚在《周易卦爻辞中的故事》一文中说，"(《周易》)的著作时代当在西周初叶。著作人无考，当出于那时掌卜筮的官。著作地点当在西周的都邑中。"文原载《燕京学报》第六期，后收入《古史辨》第三册。

②李镜池于1930年著有《周易筮辞考》一文，同意顾颉刚的看法，认为"《周易》是经过一次编纂而成的，编纂的时期当在西周初叶"。1963年他在《周易探源》的序中，修正了前一看法，论证了周易是"西周晚期的作品"。此说近年来陆续被学术界承认。

③郭沫若著有《周易之制作时代》认为周易"经部作于战国初年的楚人馯臂子弓"。文载郭著《青铜时代》。

④李镜池《周易筮辞考》，载《周易探源》，中华书局1978年版，第68页。

⑤陈金生《周易与中国哲学》，载《文史》第14辑，中华书局1982年。

合各类筮辞编纂了六十四卦的卦爻辞;周室东迁,社会动荡,王官失守,典籍流布四方,掌管、保存、携带《周易》的史官适逢渐趋活跃的学术思潮,参考不同筮书,断以己意,修改卦爻辞。其修改过程是较长的,直至汉武帝立《周易》为五经之首的时候,《周易》才取得了封建时代最高哲学经典的神圣地位,成为定本,无可更改。准确情况,因史料有阙,不敢臆断。下面仅就重卦、初编卦爻辞和修改等问题稍事说明。

(一)关于重卦——三画卦重为六画卦并衍为六十四卦。顾炎武说:"太卜掌三易之法,其经卦皆八,其别皆六十有四。考之《左传》襄公九年,穆姜迁于东宫,筮之,遇《艮》之《随》。姜曰:是于《周易》曰:'元亨利贞,无咎。'独言'是于《周易》'则知夏商皆有此卦,而重八卦为六十四卦者,不始于文王矣!"(《日知录》)顾氏的根据有二,一为《周礼》言三易——《连山》、《归藏》、《周易》,皆有六十四卦,说明夏易《连山》、商易《归藏》皆重卦为六十四;二是《左传》,穆姜引《周易·随卦》卦辞时,特意指明"是于《周易》"表明夏易《连山》,商易《归藏》也有《随卦》,如今本《周易》重为六画者,只是卦辞有所不同。既然《连山》、《归藏》皆已重卦,则重卦不始于周文王。顾氏推论的支点是《连山》为夏易,《归藏》为商易,皆早于周文王。按,《连山》、《归藏》虽已亡佚,其产生时代难以确考,今世学者多认为确是夏、商二代的筮书①。顾氏之说,殊为可信。史迁虽说过"文王拘而演周易"②,那是个人通信中的感慨之谈,服务于作者的情感表达。而在他生命所钟的历史著作——《史记》中却改用了推拟之

①参见张政烺《试释周初青铜器铭文中的易卦》,载《考古通报》1980年第4期;金景芳、吕绍纲《周易全解》,吉林大学出版社1989年版,第455页。

②《报任安书》,见韩兆琦《史记评注本》(下),岳麓书社2004年版,第1823页。

辞:“西伯盖即位五十年。其囚羑里,盖益《易》之八卦为六十四卦。”①这表明了司马迁的严谨作风。其根据当然是《周易·系辞》中“易之兴也”两节文字。对于文王重卦说,我们理解为古人对这部奇书来历的神往;是把周民族文化的代表作品——《周易》同周民族文化的代表人物——周文王联系起来的一种愿望。至于重卦的具体时间,殊难确定,且无关宏旨。重要的是,推衍者在怎样的思想观念条件下重卦的,这要回到本书上文所谈到的远古先民“尚偶”观念和“求变”意识。在“尚偶”观念支配下产生的三画卦,经“求变”意识的引导,必然走向新的突破。仅以三画卦☰(乾)和☱(兑)两卦而论,人们在长期的占筮活动中发现,占断的不同,由于两卦不同;两卦不同就在于两卦上爻不同,或者说是由于两卦上爻的变化。从而逐渐形成了这样一个认识:每卦各爻具有变动(位置的移动)和变化(性质的改变)的神奇属性。《系辞》说:“爻者,言乎变者也”;又说:“爻也者,效天下之动者也”;又说:“《易》之为书也,不可以远。为道屡迁,变动不居,周流六虚,上下无常,不可为典要,惟变所适。”都说的是爻的变动和变化的本性,这当是作者对先民朴素认识的总结和理论表述,道出了《周易》形成——由八卦衍为六十四卦的奥秘。先民一旦把“尚偶”和“求变”结合起来,六十四卦的推衍便成为可能。“尚偶”则把两个三画卦重迭起来,成为六画卦,如☰重为䷀,以求得上下对应。后世说易者分六画卦为上下或内外,贞悔,就是两个三画卦的对应,对偶;把一个六画卦的六爻分别名为初、二、三、四、五、上,并以初与四应,二与五应,三与上应,就是上下两卦位置相当的爻的对应,对偶。“求变”则把重卦后的六画卦的六爻依次改变,如䷀之初变而为䷫,二变而为䷌,三变

①《史记·周本纪》第1册,中华书局1982年,第119页。

而为䷉，四变而为䷈，五变而为䷍，上变而为䷪；另一种变化是变爻依次递增，䷀初变而为䷫，再变而为䷠，三变而为䷋，直至六爻皆变而为䷁。而䷁之六爻皆⚋，恰与䷀之六爻皆一为偶。以此类推，八重卦变化后去其重复则得今本《周易》的六十四卦。《系辞》说“刚柔相摩，八卦相荡”，大致概括了卦爻之间的变化。这虽属推测，然重卦衍《易》的实际也只能如此。

（二）关于《周易》的编纂，主要指在六十四卦下系以卦爻辞。对此古人曾有各种推测，多属牵强，置而不论。近世学者中当以李镜池的分析、论断最为精审、公允①。今根据笔者的理解撮述如次。

《周易》中的卦爻辞不是周文王或某一个人的创作，主要是古代筮辞记录的整理和编纂。《周礼·春官》：“占人……凡卜筮，既事则系币以比其命，岁终则计其占之中否。”这是说，占筮之官主持占筮，事后记录占断之辞，并把它们保存下来，年终加以整理比较，考察同一卦爻有数种不同占断的，哪一种命中率高。这些古代筮辞的记录成为今本《周易》卦爻辞的主要来源。不过，当时的编纂者或出于谨慎，忠实于原有记录；或缺乏删汰抉剔以求精审的能力，把古代同一筮卦的不同筮辞几乎照录于《周易》各卦爻之下。于是出现了闻一多所说的“全书卦爻异义之例，曷可胜数”的情况。如《师》卦六五爻辞：“田有禽，利执言，无咎；长子帅师，弟子舆尸，贞凶。”前三句是说，农田中有野禽，危害禾苗，应擒执之，故无咎。后三句说的是另一事，言行军作战以长子为帅，其他弟子随行出征，将有车载尸还的危险，故言凶。这分明是两次筮辞的缀合。

除了筮辞，《周易》还采用了社会上流传的民间诗歌。如《明夷》初九爻辞：“明夷于飞，垂其翼；君子于行，三日不食”；又如《中

---

①详见李著《周易筮辞考》、《周易筮辞续考》、《周易的编纂和编者思想》，载《周易探源》，中华书局 1978 年版。

孚》九二爻辞："鸣鹤在阴，其子和之；我有好爵，吾与尔靡之。"这些文辞运用比兴手法，具有鲜明的形象，语言优美而且用韵。当是编纂者深受民间诗歌感染，录为卦爻辞以作为形象的比喻。此外，《周易》还采用了具有哲理意义的"格言"。如《泰》卦九三爻辞："无平不陂，无往不复"；《损》卦六三爻辞："三人行则损一人，一人行则得其友。"前者说事物是变化的：平地变为斜陂，前行变为复归；虽带有循环论色彩，却综合了自然、人事中某种规律性的现象。后者总结旅行经验，是初民"尚偶"观念的表现。看来，《周易》的编纂者是在假旅行以暗喻人生，总结人生经验。可见《周易》的编纂者在卦爻之下系辞的时候，不完全是对古代筮辞的机械照录，和对民间诗歌、格言的无目的采辑。而是有一个基本的意图，即借占筮的形式探索自然的奥秘，总结人生的经验，以昭示来者。编纂者这一基本意图是《周易》占筮巫术中的重要的积极因素。它表明古代巫术中已经孕育着先民的理性，中华民族将摆脱宗教巫术的迷惑、困扰、牢笼和羁绊，开始以新的、理性的目光来注视着自然、社会和自己的生活。它在易学发展史上，在中国文化史上具有重大的意义。

关于《周易》开始编纂的时期，我们摒弃那种孤立地考察个别材料的方法，而是考察卦爻辞所反映社会生活的基本状况、表现手段和语言风貌，并将三者结合起来，从整体上来推测其编纂时代。于是我们看到：卦爻辞中有天子，王侯，大人、君子等封建领主阶级和臣、妾、仆、小人等被统治阶级的对立。这表明周民族已经进入到封建领主制时代；但卦爻辞中所反映的思想具体倾向，没有西周前期封建领主阶级宣扬"王权神授"，重视"以殷为鉴"，强调"敬天保民"那种自信和谨慎；而是程度不同地反映了统治阶级的内部争夺和在这内部争夺中希求避世的贤者思想。如《讼》上九爻辞："或锡之鞶带，终朝三褫之"，言荣宠之不可长保。《蛊》上九爻辞："不事王侯，高尚其志”，赞扬了隐居之士的高洁志向①。这是富有时代特征的思想倾向，恰与产生于西周后期的《诗·小雅》中的思想相近。再参之以编者采录民歌，模仿民歌的格式编制爻辞，以及整个文辞并不古奥，其风貌也颇近《诗·小雅》。这些整体性的内证，加之春秋后期社会上已经较广泛地应用《周易》进行占筮，可以推断卦爻辞的初编当在西周晚期。

（三）关于修改或重编问题。考察的线索：一是比较今本《周易》与古本《周易》之间的异同，以探明今本《周易》是在古本《周易》的基础上作了怎样的修改。二是寻求今本《周易》与《连山》、《归藏》二易在文字上和内容上的联系。由于可资考察的材料很少，只能根据《左传》、《国语》引用的卦爻辞与今本《周易》对勘。

首先看古本《周易》与今本《周易》异同。

《左传》僖公十五年：

> 初，晋献公筮嫁伯姬于秦，遇《归妹》䷵之《睽》䷥，史苏占之，曰：“不吉，其繇曰：‘士刲羊，亦无衁也；女承筐，亦无贶也。’西邻责言，不可偿也。《归妹》之《睽》，犹无相也。震之离，亦离之震，为雷为火，为嬴败姬。车脱其輹，火焚其旗，不利行师，败于宗丘。《归妹》‘睽孤，寇张之弧’，侄从其姑，六年其逋，逃归其国，而弃其家，明年死于高梁之虚。”

所谓《归妹》之《睽》即《归妹》䷵上六由阴爻变成阳爻，而成《睽》卦䷥，因之涉及《归妹》上六和《睽》上九两爻爻辞。今将《左传》所引与今本《周易》的爻辞分别比列于下：

①“高尚其志”今本《周易》作“高尚其事”。考伪《孟子外书·文说》引“事”作“志”；又《小象》云“志可则也”，知当作“高尚其志”。

> 《左传》引《归妹》上六爻辞：
>
> 士刲羊，亦无衁也；女承筐，亦无贶也。
>
> 今本《周易·归妹》上六爻辞：
>
> 女承筐，无实；士刲羊，无血；无攸利。

《左传》所引文字虽未明言引自《周易》，但文意与今本《周易》相同，惟文辞有异，当为古本《周易》无疑。今本《周易》在文字上的变化是：一、颠倒文序，将“女承筐”句提前；二、修改文字，改“贶”为“实”，改“衁”为“血”，去掉虚词“亦”和“也”；三、增加占断之辞“无攸利”。按，贶，音况，赐也；用如名词，指赐与之物。实，指女筐中所盛之物。前者词意隐曲，后者词意显豁。今本《周易》的修改使卦爻辞的文字意义较为简明晓畅。

> 《左传》引《睽》上九爻辞：
>
> 睽孤，寇张之弧。
>
> 今本《周易·睽》上九爻辞：
>
> 睽孤，见豕负涂，载鬼一车，先张之弧，后说之弧。匪寇婚媾，往遇雨则吉。

今本《周易》增加了“见豕负涂，载鬼一车”和“匪寇婚媾，往遇雨则吉”两节文字，且将《左传》所引之“寇张之弧”扩展为“先张之弧，后说之弧”，文辞文意均有显著不同。《左传》所引《睽》上九爻辞中，“睽”，违离之意；“孤”谓独处。按，《睽》之上九由《归妹》上六爻变而来。归谓出嫁，妹为少女，少女出嫁谓之“归妹”。卦名表现了古代婚仪。因之“睽孤”当指离家出嫁后之孤独女子。女子嫁则得其夫，得其夫则男女合。女子嫁而犹言“睽孤”，意谓所遇不幸也。“寇张之弧”借远古抢婚习俗暗指婚嫁之事。古代婚礼有侄娣从嫁制度。姑嫁而侄从，姊嫁而娣从。侄娣皆少女，从嫁不待礼聘而自嫁，非正配，称作庶；为男方所轻，鲜有幸运者。爻辞之意为少女出嫁离家将有独处的不幸遭遇。筮得此卦，不利于嫁女。故史苏释曰：“侄从其姑，六年其逋，逃归其国，而弃其家”（女子以夫家为家），意谓晋献公嫁伯姬于秦，非所宜。而今本《周易·睽》上九爻辞说的却是一个乖戾孤独者在道上踽踽独行，看到猪身上背着东西，大车里满载恶鬼，先是疑惑惊惧，故张弓而射；结果是一场虚惊，所见并非实有，故又放下弓矢。这与史苏解释的嫁女之事了无相涉。马其昶说：“今见道涂之间，豕负载，鬼乘车，皆疑极所生幻象。”①这节爻辞，是对人们普遍存在的疑惧心理所作的形象描写，表现了疑惧者心理变化的不同阶段。这一修改使古本《周易》的爻辞由客观事象的概述而转向主观心理的描写，用于行筮，给解说者留下了较大的回旋空间。而“寇张之弧”扩展为“先张之弧，后说之弧”，则表明今本《周易》文字上的演进，由简括而铺陈。文字的适当增加，自然提供了可以曲解的余地，从而使筮书《周易》更为丰富，更为神奇。

其次，看今本《周易》与其他筮书的联系。

《左传》襄公二十八年：

> 郑伯使游吉如楚，及汉，楚人还之，曰：“宋之盟，君实亲辱。今吾子来，寡君谓吾子姑还。吾将使驲奔问诸晋而以告。”……子大叔归，复命，告子展曰：“楚子将死矣，不修其政德，而昧于诸侯，以逞其愿，欲久得乎？《周易》有之，在《复》☷

①马其昶《重定费氏学》，文听阁图书有限公司 2008 年版。

> 之《颐》䷚曰：‘迷复凶。’其楚子之谓乎！欲复其愿，而弃其本，复归无所，是谓‘迷复’，能无凶乎？”

郑国大叔评论楚康王，明言依据《周易》，当是古本。所谓《复》䷗之《颐》䷚，即《复》之上六由阴爻变为阳爻而成《颐》䷚。按古筮法以变爻上六为占，故大叔引《复》上六爻辞“迷复凶”作为对楚王的评论。考今本《周易》：

> 《复》上六：迷复，凶，有灾眚，用行师，终有大败，以其国君凶，至于十年不克征。

与大叔所引古本《周易》爻辞相比，文字增加了许多。对此可以作这样的解释：大叔只取上六占断之辞，对“有灾眚”以下二十二字略而不引。但笔者却认为，古本《周易》复卦上六爻辞只有“迷复，凶”三字。试看今本《周易·复》卦其他五爻之爻辞：

> 初九：不远复，无祇悔，元吉。
> 六二：休复，吉。
> 六三：频复，厉，无咎。
> 六四：中行独复。
> 六五：敦复，无悔。

各爻爻辞均极简短，长者不过八字，最短者只三字，惟上六爻辞长达二十五字，文字极不整齐协调。合乎情理的解释是，“有灾眚”以下二十二字为春秋中期以后的巫史或儒家者流所增加。增加的文字内容，另有其他筮书作为来源。再看：

《左传》成公十六年：

> 晋侯将伐郑……楚子救郑……六月，晋楚遇于鄢陵……公筮之。史曰："吉，其卦遇《复》䷗，曰：'南国蹙，射其元王，中厥目。'国蹙王伤，不败何待！"公从之。

这里引述的《复》卦卦辞不见于今本《周易》[①]，所据当是《连山》、《归藏》一类的别种筮书。大意为，两国交战，一处南方（称南国），一处北方，战争结果是"南国"大败，最高统帅元王之目被射，国势大衰；北方大胜。这很容易与上述今本《周易·复》卦上六爻辞联系起来。今本爻辞之"以其国君凶"，与所引卦辞"射其元王，中厥目"相应；"十年不克征"与"南国蹙"相应，两者说的都是战争一方之国君所遇凶险，国势大困。除了文字上的区别，还有《左传》所引是从占筮者的立场说对方凶，因而占筮者吉，而今本《周易》爻辞则改变了方向，说占筮者筮得此爻凶。但增添这二十二字的古《易》修改者文字能力较低，所增加的文字中"以其国君凶"的"以其"二字却露出了马脚。"以其国君凶"者，因为他国国君凶也。事取占筮对方，而占断转向主方。行文的疏漏，透露出修改者的用意。修改者把《复》卦卦爻辞视为统一的整体，有一个中心思想，即卦辞所谓的"反复其道"——向起点回复是普遍规律。因之各爻爻辞都应围绕这一主题，突出这一主题。初爻之"不远"，二之"休"，三之"频"，四之"独"，五之"敦"，均依次而降，故断以"元吉"，"吉"，"无咎"，"无悔"。惟独上六"迷"断以凶，是从反面揭示，违背回复规律者，凶。这仍是突出了"反复其道"的中心思想。可能修改者嫌古《易》爻辞

①今本《周易·复》卦卦辞："复，亨，出入无疾，朋来无咎，反复其道，七日来复，利有攸往。"

简略，难为筮者明了，取别种筮辞所叙之事，增饰其文，以“十年不克征”和卦辞的“七日来”相对立，以求相反相成之效。这一修改在筮书《周易》渗入了哲理因素。

第三节 《周易》中的数术

八卦起源于数；六十四卦在数变观念下由八卦推衍而成；《周易》借数的运算以求得前兆，数成为《周易》区别于其他占卜之书的本质特征。其具体表现为卦形和卦爻辞中数的神秘观念，以及占筮中数的变化和运算。下面就《周易》和筮法作具体说明。

(一)卦形和卦爻辞中神秘的“三”。《周易》中每卦有六爻，分上下两卦，亦称内外，贞悔。他们是由两个三画卦相重而成。卦有三爻，因占必三次，是占筮的需要。八卦起源时三占从二表现了古人的习常思维和尚偶观念。《周易》里的“三”明显地带有巫术的神秘意味。为了便于说明，今将卦爻辞有数字“三”者分作两组：

第一组：

《需》上六：入于穴，有不速之客三人来，敬之，终吉。

《师》九二：在师中，吉，无咎，王三锡命。

《蛊》：元亨，利涉大川，先甲三日，后甲三日。

《巽》九五：贞吉，悔亡，无不利，无初有终，先庚三日，后庚三日。

《既济》九三：高宗伐鬼方，三年克之，小人勿用。

上引各条，数字“三”和吉相联系。

第二组：

《坎》上六：系用徽纆，置于丛棘，三岁不得，凶。

《困》初六：臀困于株木，入于幽谷，三岁不觌，凶①。

《革》九三：征凶，贞厉，革言三就，有孚。

《丰》上六：丰其屋，蔀其家，窥其户，阒其无人，三岁不觌，凶。

这里的“三”又和凶相联系。第一组各条表明事经过“三”而成，故吉；第二组各条表明事经过“三”不成，故凶。“三”在兼有“多”的意义的同时带有予示吉凶的意义。

已故易学专家尚秉和提出“阳遇阴则通”的“易例”。意谓：凡阳之行，遇阴则通，遇阳则阻。如《大畜》九二爻辞：“舆说輹”，大车脱掉车箱下用以钩住车轴的木制“车瓦”，故不能前进，此为停滞之象。该卦九三爻辞：“良马逐”，言骏马奔驰，此为通达之象。我们抛开所谓的“卦象说”，从数的角度来看，却也符合《周易》的实际。因为：阳爻是一切奇数的代表符号，简约后，代表数字一，阴爻是一切偶数的代表符号，简约后代表数字二。所谓“阳遇阴则通”，用数来说就是一遇到二而为三，两爻相遇，即一与二相加，得三。为吉数；所谓“阳遇阳则阻”，用数来说就是一与一相加，得二，而非三，不是吉数。如果说八卦起源时卦有三爻，表现了人们习常思维和尚偶观念。而《周易》中的“三”，则反映了人们数的观念的变化，具有巫术的神秘意义。似乎“三”，成为决定吉凶的条件或因素。任何事物的发展前途，是由该事物的内在矛盾和外在矛盾所决定的。

①今本《周易》“三岁不觌”下无“凶”字。帛书《周易》有此“凶”字，今据补。

事物在其发展过程中无不呈现出阶段性，或者说表现为量的变化。“三”，作为表示事物量的多少的数字，与事物量的变化在一定条件下联系着。古人不了解事物前途的决定因素，有时又把事物发展过程中的阶段性的所显示出来的数量关系，视为事物前途的决定条件。这是一种错觉。人们便从这一错觉出发，赋于数的神秘意义。以数占断吉凶，这便是数的崇拜。而“三”，不但表示着具体的确定的“数”，还兼有“多”意，于是在《周易》的“三”便具有了神秘意义。趋吉避凶，视“三”而断。这便突出了《周易》的巫术本色。

（二）占筮过程中的数变。今本《周易·乾》卦六爻之外有“用九”，《坤》卦六爻之外有“用六”，后世说者皆认为“九”即筮法中九揲之九，标明其为老阳之爻；“六”即筮法中六揲之六，标明其为老阴之爻。老阳老阴，乃变化之意。以四季论，春季阳气初生，为少阳；夏季阳气盛极，为老阳；阳极而阴生，是夏过而为秋。秋季阴气初生，是为少阴，冬季阴气极而为老阴。阴极而阳生，故冬去春来。爻称老阳、老阴，其意在变。《乾》之“用九”，谓六爻皆变为阴，而为《坤》卦。《坤》之“用六”，谓六爻皆变为阳，而为《乾》卦。这种解说，于古有证，即《左传》、《国语》中的“之卦”。考《左传》《观》之《否》（庄公二十二年），《大有》之《乾》（闵公二年），《复》之《颐》（襄公二十八年），《泰》之《需》（哀公九年）等。所谓某之某，前者为本卦，后者为之卦。之是往的意思。《大有》之《乾》就是《大有》变往《乾》，它是因《大有》之六五（阴爻）变为阳爻，故成为六爻皆阳的《乾》卦。以此观之，以《周易》行筮确有爻变一例。爻变的实际意义即数的变化。占筮时九为变数（老阳），原是奇数，变而为偶数，阳爻变为阴爻；六亦为变数（老阴），原为偶数，变而为奇数，故变阴爻为阳爻。

这种数的奇偶变化的观念本是自然界和社会生活中具体事物

的数量关系变化在人们头脑中的提炼。《周易》的编纂者把这一观念融注于占筮活动之中。其方法如《系辞》所说的"错综其数"，根据筮得的具体数字，区别奇偶，又区分为变数（九、六）与不变数（七、八），确定爻是否变化。这就使数的奇偶与数的变化错综的结合起来。然后，爻的变化表示数的变化，以数的变化暗示、象征客观事物的千变万化，人事的吉凶祸福。数的变化，使占筮活动更神奇，占筮的结果更具有天启神示的性质。

（三）占筮方法中数的运算。《周易》起源于筮，应用于筮。其"数术"集中体现在筮法之中。本章第一节对八卦起源时占筮方法作过推测，但那时的筮法是原初的，简单的。在古代，随着占筮活动的流布，筮法必然有一个发展"完善"的过程。《系辞》所载有关占筮方法，相当繁复，当是《周易》成书后行筮活动的"总结"，反映了《周易》筮法的巫术性质。《系辞》又是记录古代筮法的最早文献。因之，我们关于筮法中"数术"的讨论，只能以下引《系辞》第八章为依据：

> 大衍之数五十有五①，其用四十有九。分而为二以象两，挂一以象三，揲之以四以象四时，归奇于扐以象闰，五岁而再闰，故再扐而后挂。天数五，地数五，五位相得而各有合。天数二十有五，地数三十。凡天地之数五十有五，此所以成变化而行鬼神也。乾之策二百一十有六，坤之策百四十有四，凡三百有六十，当期之日。二篇之策，万有一千五百二十，当万物之数也。是故四营而成易，十有八变而成卦，八卦而小成。

①今本《周易·系辞》作"大衍之数五十"，据金景芳说改。详见金著《古史论集》第224页。

今世《周易》各种注本对上引文字解说颇详，这里仅就有关数的问题，略作考论。

“大衍之数五十有五”——即天数地数之和。天数即从一到十中的奇数一三五七九，其和为二十五；地数即从一到十中的偶数二四六八十，其和为三十。两者相加五十有五。

“其用四十有九”——前人作过各种推测①，还是金景芳说的接近：“为什么大衍之数五十有五不全用呢？因为五十有五全用，则分二，挂一，揲四，归奇以后得不出七八九六之数，不能定爻成卦，无以达成卜筮所预期的目的。是故，说其用者，正由于有不用者在。其用者有所象，其不用者无所象。”②金说道出了“其用四十有九”的实情，只在于分二，挂一，揲四，归奇之后能得出七八九六，纯属占筮的需要，别无深意。“其所不用者无所象”是正确的；“其所用者有所象”，大概是《系辞》作者的用意，而非《周易》筮法的初衷。

“分而为二”——把四十九根筮竹或蓍草任意分为两份，分别横置于上下两处。

“挂一”——从上方之策取一竖置于上下两处之间。

“揲之以四”——先将上方筮竹或蓍草每四策一组分数之，揲过之策置于上方。

“归奇于扐”——将所余之策，或一策，或二策，或三策，或四策，置于“挂一”之策的左方。

“再扐而后挂”——上方之策揲过之后，再取下方之策按上述方法揲四，归奇，所余之策置于“挂一”之策的右方，此所谓再扐。

①郑玄在《周易注》中说：“天地之数五十有五，以五行气通，凡五行减五，大衍又减一，故四十九也。”孔颖达《周易正义》引姚信、董遇说：“天地之数五十有五，省（按，原作“者”，当为“省”字之讹）其六以象六画之数，故减之而用四十九。”

②金景芳《古史论集》，齐鲁书社 1982 年版，第 224 页。

然后取两次“归奇”之策竖置于上下两部分筮策之间。此即所谓“后挂”。

以上为第一变。再将上下两部分筮策合而为一（竖置于中间的筮策不动），如上法数之，是为二变。其后又将上下两部分筮策如上法数之（竖置于中间筮策不动），是为三变。三变之后，过揲之策数有四种可能，或三十六，或三十二，或二十八，或二十四，除以四得数或九或八或七或六。按数，始得一爻。经过分二，挂一，揲四，归奇的四道程序，故曰“四营而成易”。四营为一变，三变得一爻，一卦六爻，故曰“十有八变而成卦”①。

对这繁复的行筮过程，我们不得以“游戏”视之，其中有数的运演，有对有限数字范围内运演结果的必然性把握。这就是，三变之后过揲之策数只有四种可能。一为九揲三十六策，二为八揲三十二策，三为七揲二十八策，四为六揲二十四策。揲数正好符合占筮的需要。九为老阳变化之爻，八为少阴不变之爻，七为少阳不变之爻，六为老阴变化之爻。可见筮法不是神意的创造，而是人类数的知识的产物，是人对四十八这个数任意分二之后再除以四的各种结果的认识。所以用四十八，可能是占筮时蓍草的常用数量的筛选。我们可以作如下推测：为了确定一卦之六爻和六爻中变化之爻、不变之爻，必须得九八七六四个数。人们在原始筮法的基础上进行了多方探索，筛选出以四十八为基础，“分二”“揲四”“归奇”的方法。又把四十八和“大衍之数五十有五”联系起来，和天地观念、奇偶观念联系起来，以神其术。

于是我们看到，筮法包含着远古人们对数的性质，数的变化，数的运算的知识。它表明中华民族正在进行着对事物之间数量关

①按筮法中分二，挂一，揲四，归奇诸项，诸家解说大同小异，今从高亨说，详见高亨《周易大传今注》。齐鲁书社 1979 年版，第 524—530 页。

系一定程度的抽象。而不是原始思维那样"一头牛""两匹马"的计数,呈现出脱离于具体事物的倾向。这无疑是智慧的表现。然而我们又看到,这种数的知识并没有取得自身的独立形态,竟然被占筮巫术所占有,并紧紧依附于占筮活动。无论是"大衍之数",还是"分二""挂一"和"揲四",无不与蓍草或筮竹相结合。这表明,数,还没有在人的头脑中实现同具体事物的游离,形成独立不倚的纯粹概念,仅仅处于抽象过程之中。有的学者指出:"它还不是真正成熟的数,而是数的萌芽。"①这种数的半抽象、半具体的情形,本是人类思维发展过程中的正常的必经的阶段。可以经由一定途径超越这一阶段,从而达到同具体事物的完全游离,形成独立不倚的数的概念,把数的知识发展成为纯科学的数学。不幸的是,数的知识在其初生阶段就被巫术所占有,数是占筮的奴隶,占筮是数的主人。于是导致了数的二重性——自身的科学性和占筮中的从属性。两者难以分离。可以说,筮法在一定程度上巩固并推进了人们数的知识,强化了数对筮法的依赖。《周易》开启的这一不良端绪,导致了后世自然科学对实用技术的依附,渗透到人们的文化心理,形成了淡漠于独立科学的追求,热衷于民生日用的致思倾向。

然而,《周易》筮法中数的知识毕竟是数学的萌芽。虽服务于占筮,毕竟使周易筮法同其他占问巫术有所区别。占问巫术是由原始前兆迷信发展而来。古代文献记载了当时流行的前兆迷信:祭祀时有雉鸡飞鸣,被认为是异常现象②;母鸡司晨,是家道衰败的征兆③;天象的雷雨,山川的崩决,被认为是有关人事吉凶的前兆。在人们对自然界认识尚很肤浅的历史阶段,产生这类迷信是必然

①王振复《巫术:周易的文化智慧》,浙江古籍出版社 1990 年版,第 180 页。

②《尚书・高宗肜日》:"高宗肜日,越有雊鸟。"

③《尚书・牧誓》:"牝鸡之晨,惟家之索。"

的。这种前兆迷信，一方面是人们在自然力压迫下，无能为力，感到迷惘疑惑的表现；另一方面也反映了人们对自身前途，休咎祸福的极度关心。这种社会心理促使人们处理一些重大问题（如祭祀、战争）甚至日常生活（如行旅、婚嫁）都要寻求前兆，以祈得神的指示，便于趋吉避凶。于是由前兆迷信衍化出占问巫术。最初是以纯自然现象为征兆的物占或象占。接着是半自然现象、半人为的卜占①；然后是纯由人为的前兆，如《周易》的筮占。这里应当说明的是，凡属占问，本质上均由"神示"，无所谓"人为"。我们说《周易》的筮占是"人为"的，仅就其筮具（筮竹或蓍草）和筮法中数的运算而言。就筮法而言，它有一个由简单到繁复的过程。原初筮法起源很早，未必后于龟卜。

《周易》的筮法区别于其他占问巫术的地方就在于，它是利用"人为"的筮具，应用数的知识，并由人去推衍，制造前兆，以代替纯自然的兆象和半自然的兆象，象征神意。这就是说，《周易》中的数，一方面被巫术所占有；另一方面又是对原始前兆迷信、原始巫术的挣脱。由此可以看出，在《周易》系统的占筮活动中，人们主要是虔诚地乞求神的指示，帮助，表现出人的愚昧无知和力量微弱；另一方面又不甘心于完全匍伏于神的足下，从而显示了人的智慧、人的能为，和人对神的无意识反抗。这就是《周易》筮法、《周易》中的数反映的当时的社会文化心理。

应该看到，这种社会心理有着历史上的根基和文化上的意义。对此，恩格斯曾经作过极为精辟的论述："至于那些更高地悬浮于空中的思想领域，即宗教、哲学等等，那末它们都有它们的被历史时期所发现和接受的史前内容，即目前我们不免要称之为谬论的

①《史记·龟策列传》："卜先以造（灶）灼，钻，钻中已，又灼龟首，各三，又复灼所钻中曰正身，灼首曰正足，各三。"可知，以龟占卜，有人为活动；然灼龟之兆文，非人为所能控制。

内容。这些关于自然界、关于人本身的本质，关于灵魂、魔力等等的形形色色的虚假观念，大都只有否定性的经济基础；史前时期的低级经济发展有关于自然界的虚假观念作为自己的补充，但是有时也作为条件，甚至作为原因。虽然经济上的需要曾经是，而且愈来愈是对自然界的认识进展的主要动力，但是，要给这一切原始谬论寻找经济上的原因，那就的确太迂腐了。科学史就是把这种谬论逐渐消除或是更换为新的、但终归是比较不荒诞的谬论的历史。"①《周易》中的数术，毫无疑问反映着史前时期原始人关于人和自然的关系，关于人自身命运的"虚假观念"，"我们不免要称之为谬论"，但是，它所蕴藏的人的智慧，人的能为，人对神的无意识反抗，却显示着中国文化史上的一个新的趋向，即以相对于纯自然兆象而言的那种"比较不荒诞的谬论"代替了原始自然迷信，而且开启着后世以新的"比较不荒诞的谬论"去替代关于数的迷信。

第四节　巫术中的人为因素

《周易》是占筮之书，它的卦爻辞表示神意。占筮者要依卦爻辞所判断的吉凶，悔吝，利与不利，决定自己的行止，以趋吉避凶，其巫术性质是十分显豁的。按照这种巫术，神主宰着宇宙间的一切事物，它否定任何事物存在的自身依据，否定事物发展的内在原因和客观规律，否定现实事物的独立品格；按照这种巫术，人的一言一行都要受神的指派，一切要依赖神的智慧和力量。人，没有独立的作为。奇妙的是《周易》卦爻辞中却反映了与神学巫术相对立

①《致康·施米特》，载《马克思恩格斯选集》第四卷，人民出版社 1972 年第 1 版，第 484—485 页。

的人为因素。先看下列卦爻辞：

《师》卦辞：贞丈人吉。

《师》六五：长子帅师，弟子舆尸。

《比》卦辞：不宁方来，后夫凶。

《履》九二：履道坦坦，幽人贞吉。

《同人》卦辞：利涉大川，利君子贞。

《观》初六：童观，小人无咎，君子吝。

《观》六二：窥规，利女贞。

《剥》上九：硕果不食，君子得舆，小人剥庐。

《恒》六五：贞妇人吉，夫子凶。

《遯》九四：好遯，君子吉，小人否。

《困》卦辞：贞大人吉。

《渐》卦辞：女归吉，利贞。

《归妹》九二：利幽人之贞。

《旅》卦辞：旅贞吉。

《巽》初六：利武人之贞。

《既济》九三：小人勿用。

《说文》："贞，卜问也，从卜贝。"向神祈问称贞。吉，凶，利，勿用，吝，是占筮时根据神意（卦爻）所作的不同判断，称贞断之辞。《周易》中的贞断之辞，多数统而言之，表示对吉凶，利不利的绝对判断。但上引卦爻辞则只是特指某类人贞之则吉，某类人贞之则凶；如《恒》六五："贞妇人吉，夫子凶。"贞断的吉凶和贞问者的身份联系着。上引卦爻辞中的君子、丈人、大人、武人、长子、弟子、幽人、妇人、女，可分为性别和社会地位的不同。卦爻辞的贞断表明由于贞问者的上述不同才吉凶异断。这意味着《周易》巫术体系中的“神”也在考虑到人（贞问者）的具体情况，而不是全然无视人（贞问者）的一切，即所谓“因人而异”。这无疑承认了贞问者作为人的地位和自身情况对前途命运应有的影响。在《周易》编纂时的宗法社会里，男女因性别的不同，在社会生活尤其是家庭生活中处于不同的地位，因而在同一情况中具有不同的前景，这是常见的，普通的，因而被当时的人们认为是合乎情理的。李鼎祚《周易集解》引侯果释《观》六二爻辞“窥观，利女贞”云：“处大观之时，而为窥观，女正则利，君子则丑也。”对于侯氏释贞为正，我们可以不去计较，以使问题的讨论简洁，免去纠缠。此爻辞大意谓：在宗法制度下的妇女深居户内，对外界事物，只宜窥视其一斑。以此推之，筮得此爻者，只宜于女性，故曰：“利女贞。”反之，男性筮得此爻，则不利。又，立世有恒是人的美德，但《周易》编者认为有时男人要因事制宜；女人要从一而终，故《恒》六五爻辞说：“恒其德，贞妇人吉，夫子凶。”

阶级社会以来，人以群分，有了社会地位的差异；不同社会地位的个人，吉凶祸福自然不同。《剥》上九：“君子得舆，小人剥庐”，《师》六五：“长子帅师，弟子舆尸”，正是阶级社会这一基本事实的写照。也正是因此，《周易》在对筮得同一卦爻的不同社会地位的贞问者作出了不同的贞断。这符合人类社会的实际，却违反了巫术中的神学世界观。因为这种世界观，神是至高无上的权威，它应该任意安排宇宙间的一切，它无视宇宙间的一切，无论是现实中的物，还是现实中的人。《否》六二：“小人吉，大人否”，《遯》九四：“君子吉，小人否”，这样有分别的“因人而异”的贞断，说明神学中渗透着“人学”，巫术中包含着人为。

我们再看：

《乾》九三:君子终日乾乾,夕惕若,厉,无咎。

《屯》六三:即鹿无虞,惟入于林中,君子几,不如舍,往吝。

《需》上六:入于穴,有不速之客三人来,敬之,终吉。

《乾》九三爻辞断之曰“无咎”,言无所过尤。这是有条件的。筮得此爻者如能朝夕警惧、谨慎,则“无咎”;反之,咎由自取。《屯》六三爻辞指示人在狩鹿时如无虞人引导,则应舍弃对鹿的追猎[①]。《需》上六爻辞闻一多的解释于义为长,略谓:“此爻辞之敬,当读为儆,言有不速之客来,当戒备也。”[②]上引三爻或吉,或无咎,非神意决定,均是人的或警惧,或见机行事而得。这里人事取代了神意,它告诉我们:《周易》中的神考虑到了人的行为对人事前途所起的作用,并加以提示或肯定。

自然现象的变化有其必然的客观规律,这在《坤》初六爻辞“履霜,坚冰至”中有明确的反映。《周易》中的神也不能改变自然界的寒气由始凝为霜,终要发展到厚结坚冰的必然趋势。人们在无数次的具体实践中体验到,客观规律顺之则吉,逆之则凶。人对所遇事变、情境的态度、措施,十分重要,作为生活经验的总结,被吸收到《周易》的卦爻辞中来。因此,同处危险境地,因人的态度不同而吉凶不同。

《履》六三:眇能视,跛能履,履虎尾,咥人,凶。

目一大一小谓之“眇”,足一长一短谓之“跛”。目眇则视而不明,足

①对此爻辞中“几,不如舍”四字,多以“见机行事”释之。案,几与舍文相对,而义相反,几,进迫也;舍,弃止也。意谓与其追猎迫近,不如舍弃停止。

②《周易义证类纂》,载《闻一多全集》第二卷,湖北人民出版社1993年版,第57页。

跛则行而不便。视不明而强行则履虎尾，履虎尾则被虎咥。这是从人的主观方面揭示致凶的因素。同为“履虎尾”：

《履》九四：履虎尾，愬愬，终吉。

愬愬，神情恐惧貌，此言行为警惧。处险境而能警惧，所以“终吉”。同样是“跛能履”“眇能视”，在《归妹》中却有不同的占断：

初九：归妹以娣，跛能履，征吉。
九二：眇能视，利幽人之贞。

对初九爻辞孔颖达疏云：“妹而继姊为娣。虽非正配，不失常道。譬犹跛人之足然，虽不正，不废能履，故曰‘跛能履’也。征吉者，少长为偶，为妻而行则凶焉，为娣而行则吉。”孔疏据《象传》为解，辞意缭绕有违经意①。“跛能履”非设喻之辞，言出嫁之娣，足虽跛不废婚配，恪守妇道，故征吉。九二爻辞中的“幽人”是所处拘闭者，环境自然险恶。“幽人”当此之时如能像眇人那样，目虽眇而不废视；形虽拘而心守正道；审视周围一切，有以应之，虽幽亦明，由幽转明，故言利。

《周易》中记录人事、肯定人为的卦爻辞，可能是在众多筮辞中筛选应验者的编录。这当然是古人生活经验的积累，并向巫术系统的渗透。这一情况的出现，除了编纂当时——西周晚期中国古代社会开始了对传统的天命观的怀疑的思想背景外，主要是占筮巫术自身的缘故。

---

①《归妹》初九爻辞所言非侄娣从嫁。金景芳辨之甚详，见《周易全解》，吉林大学出版社1989年版，第381—383页。

占筮,作为巫术自其出现以来就存在矛盾。一方面,它代表着神的力量,传达着神的旨意,把握着人的命运,指挥着人的行动。从这一角度看,占筮巫术束缚、否定甚至扼杀着人的智慧、人的力量。另一方面,它要通过人的占筮来通晓神意。这无疑承认,人可以获得神的智慧和力量,人与神共同掌握着人的命运和活动。从这一角度看,占筮巫术又部分地肯定了人的智慧和力量,包涵着人为了把握自身命运而寻求掌握未来的方式,探索现实生活之间的因果关系。问题的实质在于《周易》以筮得的卦爻为事物衍变原因的抽象表现,预示着现实生活中人的行为的结果。前者是超现实的、玄虚的、缥缈的;后者是现实的、具体的、真切的。这就使《周易》的预示和现实生活,它所提出的"因"和现实的"果"处于尖锐对立的境地。因为任何事物的因果关系,都是在现实事物的发展过程中展现的,都是现实事物的因果。绝对没有某种超现实的"因",决定着现实事物的"果"。占筮巫术这种荒谬的"因果论",在人类处于蒙昧的原始时代,在人们的观念中还可以存在。然而,随着历史的发展,中华文明的进步,生活经验的积累,尤其是占筮的预示和事后结果的验证,就无时无处不暴露其骗术的本质。

于是导致了占筮者对神意既相信又怀疑的心理。唯其相信,才去占筮,以求神助;又有怀疑,才要三番两次地占筮。《蒙》初六爻辞:"初筮告,再三渎,渎则不告";《比》卦卦辞:"原筮。"这两例无意中曲折地透露了占筮者的矛盾心理:他们对神的启示不甚相信,才要求再度甚至三度占筮①,以致使神或神的代言人(行筮者)老羞成怒,警告占问者。据古代文献记载,这种怀疑心理不是个别的,

①《左传》昭公七年记孔成子筮立卫国嗣君,就筮两次。一次筮立公子元,一次筮立公子孟絷。他把两次筮得卦给卫大夫史朝看。史朝批评他:"元,亨,又何疑焉!"此筮例反映了一般占筮者的两疑心理。详见《左传》昭公七年。

而是普遍的，为社会所公认，以致达到了“立法”地步。《洪范》在论到君主决策时说：“汝则疑，有大疑，谋及乃心，谋及卿士，谋及庶人，谋及卜筮。汝则从，龟从，筮从，卿士逆，庶民逆，吉。庶民从，龟从，筮从，汝则逆，卿士逆，吉。”这里，龟筮所代表的神权，各自和君主对等，不是绝对的。在这种心理背景下，人类社会生活的经验渗透到占筮之书《周易》中来，就是必然的了。

占筮过程中也存在着神意和人为的矛盾。巫术的本来意义是神启示人。可是，神只能存在于人的观念之中，因之，也只能由人来代神示意。巫术中的神，离不开人。尤其是占筮，既不同于根据自然现象的变异予测吉凶的象占①，也不同于灼龟视兆，半自然半人为的龟卜，而是人们利用筮竹或蓍草，反复推衍以得卦爻。这种人为的巫术，在行筮过程中，传达超现实的神意始终不能离开现实的人的行为。神意与人为，始终处于难以剥离的状态。神，指挥着人，规定着现实；人又削减着神力，现实又侵夺着神的领地。这就是《周易》卦爻辞中记录人事，肯定人为的缘由和意义。

第五节 神学中的历史借鉴意识

《大有》上九爻辞：“自天祐之，吉，无不利”，突出地表现了《周易》的神学世界观。然其卦爻辞却隐括了一些历史故事，表

---

①《左传》僖公十六年：“春，陨石于宋五，陨星也。六鹢退飞，过宋都，风也。周内史叔兴聘于宋，宋襄公问焉，曰：‘是何祥也？吉凶焉在？’对曰：‘今兹鲁多大丧，明年齐有乱，君将得诸侯而不终。’”石陨，鸟退飞，本为自然之异象，古人以之为占。属象占之类。

现出一定的历史借鉴意识。已故历史学家顾颉刚《周易卦爻辞中的故事》①一文考证出卦爻辞中“王亥丧牛羊于有易”,“高宗伐鬼方”,“帝乙归妹”,“箕子明夷”和“康侯用锡马蕃庶”等五个殷周时期的故事。他的宗旨虽在于通过卦爻辞和《十翼》中古史观念的比较,揭示其不同,以区别《周易》经传,但对本节所要探讨的问题却是一个很好的开端。现在要进一步讨论的问题是:这些故事,是筮者占筮时的事实记录,还是占筮之前已有此故事,筮者或《周易》的编纂者利用这些故事来比喻说明?这个问题涉及到卦爻辞的产生和《周易》的编纂,不能概而论之。下面,依顾文提到的故事,依次分别考察。

(一)王亥丧牛羊于有易的故事,见于:

> 《大壮》六五爻辞:丧羊于易,无悔。
>
> 《旅》上九爻辞:鸟焚其巢,旅人先笑后号咷,丧牛于易,凶。

顾氏依据王国维的考证②,指出:爻辞中的“易”即《山海经·大荒东经》中“王亥托于有易”的“有易”,《楚辞·天问》作“有扈”,其地当在大河而北,或在易水左右。殷王子亥游牧于有易高爽之地,曾经过着一段安乐生活,故爻辞中称“旅人先笑”;其后,因触犯有易之君而丧羊,损失不大,故爻辞称“无悔”;最后因放佚无度被有易夺其牛而杀其身,故爻辞曰:“后号咷,凶。”这里记载着殷人与有易之间的剧烈冲突。据王国维说是“实记王亥、王恒及上甲微三世之

①见顾颉刚编著《古史辨》第三册,顾文原载《燕京学报》第六期。参见顾颉刚编《古史辨》第三册,上海古籍出版社 1982 年版,第 207—209 页。

②详见王国维《殷卜辞中所见先王先公考》,载《观堂集林》,中华书局 1959 年版。

事”。王亥是商汤的七世祖。商朝建立于公元前16世纪。据此可约略推知王亥丧牛羊于有易的故事距《周易》编纂时的西周晚期，至少在千年左右。其事与周人无涉，其辞必是后世周族筮者追记。很明显，《周易》的编纂者把它们录入《周易》其用意是用王亥的教训警戒后人，表现了编纂者的历史借鉴意识。

然而李镜池先生依据“易狄同音，互相通假”提出了“丧牛羊于易”“不必附会于王亥”，“以属于周人的故事为当”的新见解，即“周太王被狄人侵逼由邠迁岐的故事”。并进而推断“丧牛羊于易”，“不是商王的古典，却是周人的现实”，是“筮者占验时的实记”，“并不假借故事以代说明”①。对李氏的新说，有以下三点应予指出：其一，正如李氏所概括的，“周民族迁到岐山之下，得到肥沃的地盘，然后定居而文化发展”。这是历史事实，但与爻辞的“先笑后号咷”，殊相违戾，故难以用太王迁岐来指实“丧牛羊于易”。其二，据《诗经》中《生民》、《公刘》、《绵》诸篇和《史记·周本纪》载，周民族的始祖后稷首创农耕，善察土地之宜，教民稼穑；其四世孙公刘虽在夷狄之间，复修后稷之业，务耕种；及古公亶父（即周太王）迁岐之前亦务农耕，故迁岐之后，才筑室定居于肥沃的周原，“迺疆迺理，迺宣迺亩”，搞农耕规划。据此，不能说“周民族前此过的是游牧生活”，而应该说，周民族是一个以农耕为主以畜牧为辅的民族。正是因此，当它遭遇到狄人侵逼时，很难拿出大批牛羊去求和解。看来，孟子确是一个严谨的学问家。他说：“昔者大王居邠，狄人侵之，事之以皮币，不得免焉；事之以犬马，不得免焉；事之以珠玉，不得免焉。”就是没有提到“事之以牛羊”。并且忠实记述了太王对狄人意图的正确判断：“狄人之所欲者，吾土地也。”②据此，李氏所提出的周人

①李镜池《周易筮辞续考》，载《周易探源》，中华书局1978年版，第95—99页。

②（清）焦循注《孟子正义》（上册），中华书局1957年版，第97页。

“被逼迁徙，逾梁山而东走，一直逃到岐山，难道养的那些肥牛啦，肥羊啦，不会给狄人抢去”的反问，竟因不审而落为臆测。其三，退一步说，即使如李氏所论“丧牛羊于易”就是大王迁岐之事。李氏倡《周易》编纂于西周晚期说。按照李氏的说法，大王丧牛羊于狄的故事，也是周民族的“古典”而不是《周易》编纂时的“现实”。我们再参照《周易》卦爻辞来源中的民歌、格言，它们均以具体的形象和生活哲理启示后人，很难否定编纂者采用这个故事的历史借鉴意识。

（二）高宗伐鬼方的故事，见于：

《既济》九三爻辞：高宗伐鬼方，三年克之，小人勿用。

《未济》九四爻辞：震，用伐鬼方，三年有赏于大国。

高宗，即殷高宗武丁；鬼方，西北犬戎之异称。今本《竹书纪年》：殷武丁三十三年“伐鬼方于荆”，于三十四年载“克之”。其地非南方之荆楚，魏源已辨之（详魏源《诗古微》）；其事实有。如下推测大概符合录写爻辞的实际：最初是殷军西伐，给周人以极大的震惊，祈求神示，进行占筮，记下“高宗伐鬼方”；三年之后，殷军胜而未伐周，故写下了占验之辞：“三年克之”；或许周人对殷伐鬼方有所赞助，得到了殷朝的封赏，因在另一爻辞记下“有赏于大国”。两条爻辞隐约地透露出周民族对“高宗伐鬼方”之役先震惊后欣然的心理变化过程，当是占筮时（先后三年）的实记。即使如此，周民族此时已经产生了这样的认识：面对着异民族的严重军事威胁，是可以逢凶化吉的。据此，我们可以断然地说，记录爻辞的当时，“高宗伐鬼方”这一历史事件，对周民族来说已经具有历史借鉴意义。

（三）帝乙归妹的故事，见于：

《泰》六五爻辞：帝乙归妹，以祉元吉。

《归妹》六五爻辞：帝乙归妹，其君之袂不如其娣之袂良。月几望，吉。

帝乙，殷纣王之父；妹，少女；女子出嫁曰归。帝乙归妹即嫁王族之少女于周文王。袂，衣袖。"夫称妇曰君"（《正字通》）。少女嫡出，嫁后为正室，故谓君。娣，从嫁之媵妾，少女位尊而尚俭，从嫁之娣位卑而贵饰。故曰"其君之袂不如其娣之袂良"①。帝乙归妹于周文王，是殷周两族的一次政治联姻。对此，《诗经·大明》曾有如下记载："文王初载，天作之合。在洽之阳，在渭之涘。文王嘉止，大邦有子。大邦有子，伣天之妹。文定厥祥，亲迎于渭。造舟为梁，不显其光。有命自天，命此文王。于周于京。缵女维莘，长子维行。笃生武王。保右命尔，燮伐大商。"②这里明显地流露出周民族在婚姻上以西夷高攀大国的得意心情。更重要的是，周人以为，这次政治联姻对周人的历史是一个新的契机。因为文王娶了大邦（殷）之女（即帝乙所归之妹），才改号为周，易邑为京，政治上有新的发展，才生了奉天命，会诸侯，伐纣灭商，建立了周王朝的周武王。因此，"帝乙归妹"是周民族深为重视的一件大事。《周易》中记录此事，表明周人希求今后也像"帝乙归妹"那样给自己带来福佑。这就是《泰》六五爻辞中"以祉元吉"的意义。

①下文："月几望，吉"与上文不相连属，疑为另一筮词，故不释。

②参见高亨《诗经今注》，上海古籍出版社 1980 年版，第 373—374 页。

(四)箕子明夷的故事,见于:

《明夷》六五爻辞:箕子之明夷,利贞。

箕子被孔子誉为殷末“三仁”之一。他是殷纣王的叔父,位在太师,见纣无道,谏而被囚,因佯狂为奴。周武王克商之后,向箕子请教治国之道。箕子将据说是天授夏禹的“洪范九畴”传给武王。于是周王朝建立了卓有成效的统治秩序。在周人看来,箕子是一位具有典型意义的知识分子。其意义就在于:他空怀治国良谋,处于政治黑暗时代,竟遭囚禁;幸遇武王,才将《洪范》传留下来。如果说,皇天降命,以周代商,箕子的归顺,传授《洪范》应是内容之一。其中的关键,就是遭遇不幸。这就是《周易》所说的“箕子之明夷”①。这样,箕子便成为周民族值得称颂的历史人物;“箕子之明夷”便成为周民族值得借鉴的历史教训。

(五)康侯用锡马蕃庶的故事,见于:

《晋》卦辞:康侯用锡马蕃庶,昼日三接。

康侯名封,周武王之弟,克殷前,始封于康,故称康侯,亦称康叔。锡马,武王所赐之马;昼日,犹言周日;接,交也。卦辞言,康侯用王朝封赏时赐与之马,一天多次配种,以繁殖马匹。整个卦辞,叙康侯之事,无筮问、占断之辞,当是康侯始封后发展畜牧措施取得成效后的总结记录。《周易》的编纂者编录《晋》卦卦辞时,因康侯的

①顾颉刚说:“夷者灭也,明灭故晦暗。”“箕子之明夷”这句话,仿佛现在人说的‘某人的晦气’而已,不必替这二字想出什么大道理来。”所释简明。详见《古史辨》第三册,第15—16页。

故事与《晋》卦旨意相关，撮述其事，作为卦辞。按，晋与进同意，有进长，前进，发展之意。康侯以武王之弟封国、得马，繁衍畜牲，发展国力，较充分地体现了进长之意，编纂者记录其事，以为卦辞，正是以故事代说明。

我们所要研究的是《周易》中的历史借鉴意识，这是对复杂事物中新质因素的探讨，因此，不必对那些似乎有故事内容而又难以质实的卦爻辞作勉强地分析，以求数量上的增多。上述五个故事的分析足以说明《周易》卦爻辞在筮占记录或编纂撮写时的历史借鉴意识。有的学者已经指出，《周易》卦爻辞是周民族“生活的记录，是民族发展的历史经验。所以卜史便把它编成一部有系统的卜筮之书”①。既言“历史经验”，肯定其借鉴意识是不言自明的。值得重视的问题倒是，这种历史借鉴意识是怎样产生的，怎样进入《周易》中来，这种进入具有怎样的意义。

这需从中国古代文化原始谈起。

中华民族在他们初与古猿揖别的一段时间里，还没有完全摆脱依赖自然环境的动物本能。经过漫长的生活实践，才逐渐把自己同周围环境区分开来。同时就承受着自然环境的巨大压力。这对原始人来说是无法抗拒的，也是不可理解的。于是，他们以对自己的感觉去比附周围世界，误以为日月星辰，山川河流，风雨雷电等自然事物和人一样，都是有灵魂的。这种万物有灵观念经过进一步概括，就产生了天地崇拜的原始宗教观。于是出现了专以事神的巫和沟通人神的巫术。原始巫术渗透于原始社会中神话、图腾、歌舞、绘画、习俗等社会生活的各个领域。这就是所谓的巫文化。

---

①李镜池《周易筮辞考》，载《周易探源》，中华书局 1978 年版，第 34 页。

但是，原始人尽管蒙昧，却也并非事事求助于神。他们还以自己的生活经验应付着日常事变。随着时间的推移，所遇到的事情的增加和重复，人们开始认识到需要把所经历的事情记录下来，以备后来参考。这当然是中华民族创造了文字以后的进步。据刘节先生考证，古代人“把一条一条的事务记在‘中’上”①。“中”古文作、，或作、，像氏族的“中旗”。“”或“”，是旗斿。《吕氏春秋·谕大篇》：“舜欲旗古今”，即把古今之事写在旗上。可见“中旗”最初还有后世记载事情的簿书的作用。《说文》：“史，从又持中”的“中”，就是由“中旗”衍化为簿书的。“史”的任务就是记录事件。殷周的卿史、御史，大史小史，内史外史，都是《周官·春官》所说的“掌建邦之六典”，“掌法”，“掌则”，“掌邦国之志”，“掌书王命”等记录王命，起草文献，管理典籍，参与政事的政府文职官员。对现实事务的关注，记录，产生了后世所谓的史文化。它与巫文化相互对立、制约而又相互影响、渗透，构成了中国古代文化的两个基因。

中国古代的史文化最早约产生于传说中的夏代。《说文·序》：“黄帝之史仓颉见鸟兽蹄迒之迹，知分理之可相别异也，初造书契。”把文字的创造上推到传说中的黄帝时代，不足为据。比较可信的说法是，夏代才有文字。在文字产生的前提下，才有了以文字记录事件的史官。《左传》、《国语》中记有《夏书》、《夏训》、《夏箴》、《夏令》；《尚书·多士》也说“殷先人有典、有册”。所谓的书、训、箴、令、典、册，都是记载国家大事的政治文献，尽管它们在后世看来具有史料价值，毕竟不是经过对以往历史事件的研究所编纂的历史著作。夏商两代虽设有史官，记录政事，还没有历史借鉴意

①详见《中国史学史稿》，中州书画社1982年第1版，第11页。

识。因此，本书所说的夏商两代的史文化，基本涵义为重视人世现实活动，并在这个意义上与专事神意的巫文化相对立。唯其对立，便有制约。夏商两代的统治者奉行着神权政治，他们深信自己代表神主宰着人间的一切，他们的精神支柱是王权神授的神学世界观。实质上是巫文化的政治体现。殷墟卜辞证明，从事巫术的卜人就是史官[①]。史官所司之职是从事贞卜、祭祀、代神示意，指导政事。虽然说巫以通神，史以记事，实质上是巫史一体，以巫术为主，表明了夏商神权政治下巫文化对史文化的控制。这当是中国古代巫史文化相互对立的最初阶段的基本情况。这种控制直到西周王朝建立之后还保存着相当明显的痕迹。西周金文《小盂鼎》中的"三左"就是大史，大祝，大卜。史、祝、卜，同归于三左，说明他们职掌相近，作用相同。

历史毕竟要前进。周武王灭商，周王朝建立。周人自身经历了王朝的更替，历史的巨变，又注意到殷革夏命的历史经验，更重要的是商王子孙臣服于周的现实；他们感到天命神权并不绝对可靠。他们清醒地看到，要使自己的统治长治久安，必须汲取历史的经验。周王朝建立不久，周公就曾总结了商王朝的教训，告诫年幼的周成王："继今之嗣王，则其无淫于观、于游、于田，以万民惟正之供。无皇曰：今日耽乐。乃非民攸训，非天攸若，时人丕则有愆。"[②]在另一篇重要的文告中则进一步提出了"我不可不监于有夏，亦不可不监于有殷"[③]。经过历史的巨变和认真的思考，周人产生了历史借鉴意识，并强化为影响到政治、经济、文化各方面社会生活的

①郭沫若《殷墟粹编》1284："甲寅卜史贞"，科学出版社 1965 年版；郭沫若《卜辞通纂》615："其令卿史卜"，科学出版社 1983 年版。

②《尚书·无逸》，见《十三经注疏》上册，中华书局影印本，第 222 页。

③《尚书·召诰》，同上书，第 213 页。

历史鉴戒观。

周初历史鉴戒观的出现一定程度动摇了殷商以来的神学世界观和神权政治。人们把对国家兴衰、天下治乱、历史衍进的注意，从天上转向人间，从神明改诸人事，反映了周人政治上的清醒和中华民族开始了由迷信天命到关注人事的理性自觉。这是中国古代文化中与巫术相对立、相抗争的史文化的进一步发展。

统治阶级的历史鉴戒观逐渐扩展到一般社会成员，形成了较为普遍的社会心理。当然直接影响到掌管占筮、服务于统治阶级的文化专家。承继着殷人的传统，周人也是史巫一体，以史行筮。《周易》就明白地写着："用史巫纷若，吉。"[①]《仪礼·少牢馈食礼》也说："史兼执筮与卦"，"史朝服，左执筮"。可见掌管占筮的官称作史。他们在编纂《周易》时，其主观意图供占筮之用是不言而喻的；然其间渗透着历史借鉴意识也是情理的必然。《周易》作为巫文化的直接体现，记录并追述了殷周两代的若干历史故事，正是历史借鉴意识向巫术渗透的表现，它反映了史文化自身的顽强生力。如果说，夏商两代巫史文化的对立其主要特征是巫史一体，巫文化对史文化的制约，体现着神对人的统治，神学迷信对人的理性的禁锢；那末，西周以后，特别是《周易》所反映的巫史文化的对立，主要表现为史文化对巫文化的渗透与反拨。可以说，成书于西周晚期的《周易》以其历史借鉴意识，预示着中国古代文化即将过渡到一个新的阶段。

①《巽》九二爻辞，见高亨《周易古经今注》，中华书局 1984 年版，第 329 页。

第二章　春秋易说

《周易》经周王朝巫史编纂之后，作为占筮参考用书保存于王朝官府。其应用范围很狭窄。周室东迁以后，中国古代学术发生了重大变化：王官失守，学术下移，周王朝的文化专家携带着他们掌管的典籍、礼器，散往各诸侯国。《左传》庄公二十二年载："周史有以《周易》见陈侯者，陈侯使筮之。"春秋以后各国诸侯才有机会接触到周王室的占筮官书——《周易》。当时《周易》也只是作为占筮之书在各诸侯国开始流传。这时期各国统治阶级应用《周易》占筮，其解释者多是专司筮职的"筮史"①。他们依据以往的传闻和自己的理解，为我们留下了迄今看到的有关《周易》最早的解说②——姑称之为"春秋易说"。

春秋人对筮书《周易》的说解是《周易》发展史上的重要阶段。它基本上规定了《周易》此后巫术与理性相纠缠的衍进行程，也体

---

①卜与筮为当时并行的两种占问方式。上自周王朝下至诸侯国都有专司其职的卜人和筮人，均称作史。因其迷信性质相同，卜筮相通，且"筮短龟长"，卜史亦司筮职，故史书多见"卜史"。然《国语・晋语》载：晋公子重耳筮得晋国时，有"筮史占之"。可见当时有的诸侯国亦有专司筮职的"筮史"。

②《易传》虽保存了零散的远古易说，但基本上是战国时人的看法。

现着中华文化迷信与哲理相共生的重要特征。本章重点讨论与巫术相关的卦象、之卦、互体和具有理性因素的道德意识,以及孔子和《周易》的关系。

第一节 卦象

为了便于说明,先以晋司空季子说《屯》䷂之《豫》䷏为例。

《国语·晋语》:

> (晋)公子(重耳)亲筮之,曰:"尚有晋国。"得贞《屯》悔《豫》,皆八也。筮史占之曰:"不吉。闭而不通,爻无为也。"司空季子曰:"吉。是在《周易》,皆'利建侯',不有晋国,以辅王室,安能建侯?我命筮曰:'尚有晋国',筮告我曰:'利建侯',得国之务也。吉孰大焉!震,车也。坎,水也。坤,土也。屯,厚也。豫,乐也。车班外内,顺以训之,泉原以资之,土厚而乐其实,不有晋国,何以当之?震,雷也,车也。坎,劳也,水也,众也。主雷与车,而尚水与众。车有震武,众顺文也。文武具,厚之至也。故曰屯。其繇曰:'元亨,利贞,勿用有攸往,利建侯。'主震雷,长也,故曰'元'。众而顺,嘉也,故曰'亨'。内有震雷,故曰'利贞'。车上水下,必伯。小事不济,壅也。故曰'勿用有攸往',一夫之行也。众顺而有武威,故曰'利建侯'。坤,母也。震,长男也。母老子强,故曰'豫'。其繇曰:'利建侯,行师',居乐、出威之谓屯。是二者得国之卦也。"

按"皆八也"至"爻无为也",韦昭注云:"八,谓震两阴爻在贞在悔皆不动,故曰皆八,谓爻无为也。震为动,动遇坎,坎为险阻,闭塞不通,无所为也。”这是说本卦《屯》䷂的内卦(亦称贞)为☳,之卦《豫》䷏的外卦(亦称悔)亦为☳。震为动,而它们中的两个阴爻(指《屯》之六二、六三和《豫》之六五、上六)都不是变爻。古筮法九、六为变爻,七、八不变。这两爻的筮数是八,故曰“皆八也”。因为不变动就无所作为,所以说“爻无为也”。按照春秋人的说法,从卦象上看,《屯》卦,是震下坎上,“震为动,动遇坎,坎为险阻”,是“闭塞不通”之象。学者尚秉和指出:“观下云是在《周易》,则所谓‘皆八’者,用二易(按,指夏易《连山》,商易《归藏》)可知也。杜征南(预)云:‘二易占七、八。’其法盖久已失传。而《左》、《国》用八者,又只有三事,无以会其同,故不能解也。”①这是说,重耳用《周易》占筮,筮史却用其他易说解释,推断,具体内容不可确知。上述问题与本节旨趣无关,故不予探究。本节重点讨论晋司空季子对《屯》之《豫》的解说,以期说明卦象始于“春秋易说”。

司空季子针对筮史的推断提出了相反的占断:吉。他所依据的是《周易》《屯》卦卦辞:“元,亨,利贞,勿用有攸往,利建侯”和《豫》卦卦辞:“利建侯,行师。”他先从两卦卦辞中“利建侯”立论。建侯,立为诸侯。公子重耳命筮之辞是“尚有晋国”,而筮卦回答是“利建侯”,正是得到晋国,为其君主的予示。因此,此筮大吉。接着他从卦象来进一步说明。他说:“震,车也。坎,水也。坤,土也。屯,厚也。豫,乐也。”震指本卦䷂《屯》之下卦和之卦䷏《豫》之上卦。坎指本卦《屯》之上卦,坤指之卦《豫》之下卦。从本卦和之卦的卦象看,占筮者拥有土地、河流,这正是重耳取得晋国政权,拥有国土,享有自然资源的丰厚果实的象征。他又从卦象上解释卦名

①《周易尚氏学》,中华书局 1980 年版,第 353 页。

和卦辞。《屯》卦是震下坎上。“震，雷也，车也。坎，劳也，水也，众也。”《屯》之下震，象有威力似雷的兵车，这是充实的武备；《屯》之上坎，象愿意效劳，顺从如流水的群众，这是有服众的文德。文武兼备，是诸侯国最重要、最雄厚的国力，所以说“文武具，厚之至也，故曰屯”。这是《屯》卦卦名的含义。然后又以卦象解释《屯》卦卦辞（春秋时称繇辞）。《屯》之下震是威力的象征，有此威力可以为诸侯之长，故曰元。《屯》之上坎，为水、为顺、为众，象征有顺从的群众，群众顺遂故曰亨。震，象征威力，且处内卦，故曰“内有震雷”；有威力则国势强盛而巩固，故曰“利贞”。《屯》之下震为车，上坎为水，震下坎上，车在水下，有壅阻之象。但司空季子认为，这是指小事而言，公子重耳筮得晋国，是重大事情，与卦之壅阻之象无涉。而之卦《豫》是震上坤下，即车上水下，是通顺之象，故曰“车上水下，必伯”。下文再强调一句“众顺而有威武，故曰利建侯”，正是得国称霸之象。最后以卦象解释之卦《豫》卦名的含义。《豫》卦象为坤下震上，坤为母，震为长男。坤处下，有老守之意；震处上，有建长之意。故曰“母老子强”。老母而有强子是晚年安乐之象。故曰豫。《豫》之内卦为坤，象诸侯有国土；外卦为震，象诸侯发兵车，象征着在国内则立为国君安有国土，故曰“居乐”；出国则军威雄壮，故曰“出威”。这就是之卦《豫》卦辞“利建侯，行师”的含义。司空季子最后总断一句，本卦之卦都是得国之象，有力地回应了开始的断语“吉”。

司空季子解释卦名、卦爻辞，推断吉凶时反复运用的方法是：赋予本卦、之卦以及它们的内卦、外卦以某种象征意义，即所谓卦象。《周易》八卦常见之卦象略如下表：

卦／象	☰（乾）	☷（坤）	☳（震）	☴（巽）	☵（坎）	☲（离）	☶（艮）	☱（兑）
自然事物	天	地	雷	风	水	火	山	泽
社会事物	父	母	长男	长女	中男	中女	少男	少女
品德	健	顺	动	入	险	丽	止	悦

上表所列卦象不见于《周易》，始见于《左传》、《国语》的有关易说，在《易传》中有了比较系统的表述，并提出了“易者，象也”等若干卦象理论。《易传》以后，汉人讲《周易》主卦象，并以此为易学正宗。魏末王弼注《周易》，为矫前弊，尽扫象数；然至唐孔颖达撰《周易正义》仍以卦象为说。经宋明以至清代，易学家多以卦象为治易门径。其实，《周易》本无卦象，现代一些易学家已经看到。闻一多、高亨、李镜池均不以卦象解《周易》。笔者也曾撰文对所谓“易之门户”的乾坤两卦卦象提出过疑问①。近有陈金生先生明确提出“《周易》无卦象”，并对卦象说的由来作了深入地分析和论证。他指出：“周易作者根本没有卦象观念”，“所谓卦象，是春秋至战国时期人们对每一卦的卦名作孤立的任意的解释和引申而产生的。这种解释的基本特点是利用汉字的音同通借、一字多义和包括多种词性等特点，根据自己的需要对卦名作出不同的解释。个别情况下，甚至更改卦名，然后根据新的卦名来进行解释和发挥。”②陈文对“周易卦名的由来”和“八卦卦象的由来”进行了细致地考察。指出：《周易》中的六十四卦本无卦名，后来为了便于称引根据爻辞追加卦名。为卦命名的基本方法是取该卦卦爻辞中多次出现而在其他

①《乾坤哲学与治易方法》，载《辽宁师院学报》（社会科学版）1981 年第 6 期。

②《周易与中国哲学》，载《文史》第 14 辑，中华书局 1982 年版。

各卦中并不多次出现的一字或相连的两字作为卦名。卦名本身只起了一种标志或记号的作用，和《论语》的篇名一样，没有独立的意义和内容。春秋时人解释卦名常进行孤立的任意的解释，如《左传》闵公元年载辛廖说："屯固，比入。"《左传》昭公元年载医和说："皿虫为蛊"，给卦名硬性规定某种意义。方法是把卦名读为另一个字，或者从卦名引申出另一种意义，或者改变卦名的词性，把名词动用，从而编造出与卦名原意无关的卦象来。如乾卦卦名取于九三爻辞："君子终日乾乾"，用声近而通的方法，读乾为斡。斡，本意为旋转。"斡者转之类名，故星中之北斗亦可曰斡。"[①]天随斗转，故以天释斡。乾转义为天。于是创造出"乾为天"所谓卦象。其他七卦卦象均类此。这就揭穿了八卦卦象的由来和秘密。本书基于上述见解，认为春秋人是卦象说的始作俑者，并就若干问题作补充论述。

第一，春秋人讲《周易》，不是都讲卦象。据《左传》、《国语》所载二十二则解说就有八则只讲本卦、之卦的卦名和卦爻辞，没有涉及卦象。这表明，解说者可以根据卦象立论，也可以根据自己的理解对卦名、卦爻辞作独立的解释。可见讲卦象不是当时的通例，否则不会有近五分之二的人竟不涉及卦象。把"春秋易说"和《易传》进行比较，我们会发现，春秋人讲卦象既讲本卦卦象，又讲之卦卦象[②]；而《易传》讲卦象只讲本卦卦象，不及之卦，却讲爻象。这大概是卦象说在春秋战国时期还处于不统一，不规范的阶段。这种不统一，不规范的状态说明卦象非《周易》所原有，为春秋人的始创。

---

①《周易义证类纂》，载《闻一多学术文钞·周易与庄子研究》，巴蜀出版社 2003 年版，第 48 页。

②《左传》闵公元年：辛廖释《屯》之《比》曰："震为土，车从马，足居之。兄长之，母复之，众归之。"即兼讲本卦之卦卦象。震指屯之下震。土指比之下坤。曰屯之比，即震变为土。说详高亨《〈左传〉、〈国语〉的周易说通解》，载高亨《文史述林》，中华书局 1980 年版，第 355 页。

第二，利用多义性，词类活用，同音通假等汉字特点对卦名作孤立的、任意的解释确是春秋人制造卦象的基本套路。这个套路有汉字发展史的背景。上古汉字基本是象形字。随着社会的发展，文字的孳生，产生了形声字。形声字以原有的象形字作为形符，以形表意，另造声符以表声。这大约是西周以前的情况。东周时期，各诸侯国政治经济文化独立发展，文字应用次数繁多，汉字有了新的发展。以形声字而论，形符已不再是本字原意的袭用，而衍化为与原意无关的符号。符号的出现是汉字发展的一大突破。从此，汉字由使用音符意符体系转化为记录音符意符的体系。这时的许多文字字形与意义并无内在的联系（如以形表意），而是硬性规定的，约定俗成的，变成了纯粹的符号。这恰与春秋人创造卦象的时间相近，情况相同。八卦中“乾为天，坤为地”等象征意义也是任意规定的。它反映了春秋人对符号与其所代表意义的灵活认识。这种灵活态度导致了汉字的发展，却在易学发展中产生了深远的恶劣影响。它使《周易》巫术又出现了新花样，使本来是骗人的粗糙的巫术，复杂化、精致化，因之也更神秘化。

第三，春秋人讲卦象已有乾为天，坤为土之说。《左传》庄公二十二年，周史释观䷓之否䷋曰：“坤，土也。巽，风也。乾，天也。”周史所说的天，与土、风等自然物相联系，相对待，已不再是主宰宇宙的至上神。对天的理解的重大变化，它有着西周晚期以来神学天命观动摇、衰落，自然天道观产生、流布的深刻背景。远古人们迷信天神，创造出种种巫术以祈求天命神意。占筮就是其中的一种。直到殷周时期，统治阶级仍以天神迷信为其政治统治的精神支柱。西周晚期，社会动乱导致了对天神的怀疑。“浩浩昊天，不骏其德”，“昊天疾威，弗虑弗图”①，“天降丧乱，饥馑荐臻”②，就表现出人们对天神的不满，甚至否定。而产生于西周晚期的《周易》依然固守着神学天命观。《大有》上九爻辞：“自天祐之，吉，无不利”就是明证。历史进入了春秋时代，神学天命观进一步动摇，并且产生了新的自然天道观。其具体表现就是：人们把天理解为概括自然事物的基本范畴，并与土地相对。《左传》襄公二十九年载：吴公子季札观周乐于鲁，感慨于虞舜《箾韶》之乐的恢宏博大，说：“如天之无不帱也，地之无不载也。”正是天与地对，且取消了天的人格神意义。在这一天道观深刻变化的背景下，春秋人创造的卦象：乾为天，坤为土（地）、为母，震为兄③。并且出现了“天地配”④的观念。虽然没有明确提出乾为父，但乾与坤对，天与地对，是显然的，天地交合产生万物的思想是依稀可见的。这就意味着新的自然天道观正在进入《周易》的巫术系统，并显示出力求替代神学天命观的进步趋势。

第四，春秋人讲卦象，赋予卦象抽象意义，表现了当时以天道论人事，进行道德训诫的思想倾向。这时的自然天道观虽然否定天神，并具有概括自然规律的哲学意义，但较多的是在表现伦理道德的决定作用。《左传》僖公三十三年载，秦晋殽之战的前夕，晋大夫原轸驳斥栾枝，论证“必伐秦师”的主张时说：“秦违蹇叔而以贪勤民，天奉我也。奉不可失，敌不可纵。纵敌患生，违天不祥。”秦穆公之“违天”不是违背神意，而是违背蹇叔对当时国际形势的分

①《诗经·小雅·雨无正》，高亨《诗经今注》，上海古籍出版社1980年版，第284页。

②《诗经·大雅·云汉》，同上书446页。

③参见《左传》闵公元年辛廖释《屯》之《比》语。

④《国语·晋语》董因释《泰》卦语，参见薛安勤、王连生《国语译注》，吉林文史出版社1991年版，第432—433页。

析，是“以贪勤民”，“劳师袭远”。原轸警告栾枝“违天不祥”，也不是指违背神意，而是说，晋国如果坐失良机，放纵敌人，违反了伐秦图霸的客观趋势则是重大失误。这里的天，指的是人事的必然，其间含有道德因素。这是春秋人较为普遍的思维习惯。这种思维习惯，是古代天人合一思想由神学世界观向自然天道观转化的表现。春秋时期的大政治家，大思想家如管仲、晏婴，乃至末期的孔子都重视自然事物与人事道德的联系。基于这种习惯，人们在应用《周易》占筮，以神道设教，引发有关人事道德问题的议论就遇到了一个问题：《周易》中有关道德问题的卦爻辞是极少数的，大多是以往筮辞筛选后的编录，解释者难以从中发挥有关人事道德的议论。如《左传》昭公三十二年，鲁昭公死于乾侯，晋史墨就此议论“社稷无常奉，君臣无常位”的历史现象，引用《诗经·小雅·十月之交》中“高岸为谷，深谷为陵”，以大地的变化比喻人事的变化。接着，他又引用《周易·大壮》为例证，说：“在《易》卦，雷乘《乾》曰《大壮》䷡，天之道也。”可是《大壮》卦辞仅为“利贞”二字，这是无以发挥的。如以卦象说《周易》就有发挥的空间。杜预以卦象注曰：“乾下震上，《大壮》。震在乾上，故曰雷乘乾。乾为天子；震为诸侯，而在乾上。君臣易位，犹大臣强壮，若天上有雷。”史墨说的“天之道”有两层含义。其一为“雷乘乾”，雷应在天之下，今在天上，是自然界雷犯天之象；其二为由天道论人事，诸侯在天子之上，这是“君臣易位”。这就因卦象给史墨下面的议论：“政在季氏，于此君也四公矣”，“为君慎器与名”等提供依据。又如《国语·晋语》载，秦穆公以军队助晋公子重耳回国夺取政权。重耳在回国途中心有疑虑。从晋国来迎接他的晋大夫董因以筮得的《泰》卦为说，但卦辞“小往大来”，莫名其妙，不切于重耳返国；董因便以“天地配”来说明。乾为天，坤为地，而坤在上乾在下，表示着天地交合，是通达之象。预示着重耳回国必将顺利取得政权。董因应用卦象给晋公子重耳返国提供了神学"依据"。可见春秋人讲卦象,在适应占断需要的背后,还有着借天道以论人事,通过自然物象引发伦理道德说教的意义。它反映着春秋时期天道观的演进,以及这种演进给占筮巫术造成的变化。

第二节 之卦与互体

所谓之卦,相对于本卦而言。揲筮所得之卦为本卦,本卦爻变,或阴变为阳,或阳变为阴,则本卦变,称为之卦。"之卦"始见于《左传》。如:

> 昭公二十九年,秋,龙见于绛郊。魏献子问于蔡墨……对曰:"……《周易》有之,在《乾》䷀之《姤》䷫,曰:'潜龙勿用';其《同人》䷌曰:'见龙在田';其《大有》䷍曰:'飞龙在天';其《夬》䷪曰:'亢龙有悔';其《坤》䷁曰:'见群龙无首,吉';《坤》之《剥》䷖曰:'龙战于野。'……"

蔡墨引用《周易》中《乾》、《坤》两卦的爻辞以证明古代有龙。《乾》之《姤》即《乾》之阳爻初九变为阴爻,而成《垢》卦。《坤》之《剥》即《坤》之阴爻上六变为阳爻而成《剥》卦,等等。关于春秋人用之卦说《周易》有下列三种情况应当注意:第一,在《左传》、《国语》记载的二十二例中有两例不用《周易》行筮。其余二十例只有一例没有谈到之卦。有十九例以之卦为说,这表明春秋人应用之卦解说《周易》很普遍。第二,在应用之卦解说《周易》时,有十例以本卦变爻为占，居“之卦”说的二分之一强，可以说以变爻为占是之卦说的主要内容。《周易》筮法，占用九六，即以变爻为占。“之卦”即变爻为占的另一说法，由揲蓍而来，非春秋人之创造。从训诂上说，之犹往也，亦有变义，之卦即本卦之某爻变而到另一卦中去。正是《周易》筮法中变化观念的表现。所以有的学者称“之卦”为“变卦”。但与后世所谓“卦变”不同。“变卦”由揲筮而来，为《周易》筮法中所原有；卦变是卦自为变，是后世易学家的“创造”，是他们对《周易》变化观念的任意推衍。第三，其余的九例中，既讲本卦变爻爻辞，又言之卦卦爻辞者有五；言之卦而只涉及之卦卦爻辞者有四。这说明，春秋人讲之卦没有一个明确的统一的通例，或者说处在衍进过程之中。可以这样推测这一衍进过程：最初是按《周易》筮法以变爻为占，故较多讲本卦变爻爻辞；然后因解说时的主观需要又产生了结合之卦卦爻辞推论的新花样。

所谓“互体”，指每卦六爻除初、上两爻之外，中间四爻相互借助组成一卦。其二三四爻组成下卦，称“下互”；三四五爻组成上卦，称“上互”，如《泰》䷊，下乾☰，上坤☷。其二三四爻为兑☱，称下互兑；三四五为震☳，称上互震。历来讲“互体”的易学家均以为出自《左传》。宋王应麟辑《周易郑康成注》序云：“郑康成学费氏易，为注九卷，多论互体。以互体求易，左氏以来有之。”这即指《左传》庄公二十二年：

> 周史有以《周易》见陈侯者，陈侯使筮之，遇《观》䷓之《否》䷋曰：是谓“观国之光，利用宾于王”。此其代陈有国乎？不在此，其在异国；非在此身，其在子孙。光远而自他有耀者也。坤，土也；巽，风也；乾，天也。风为天于土上，山也。有山之材而照之以天光，于是乎居土上，故曰：“观国之光，利用宾于王。”

陈厉公生子，名叫敬仲，让周史以《周易》为敬仲占筮，预测他一生的命运。筮得《观》之《否》即《观》䷓之第四爻由阴爻六四变为阳爻九四，成《否》䷋。按筮例，以变爻为占。《观》卦之六四爻辞为："观国之光，利用宾于王。"意谓：得此卦者有君临一国的光辉，利于作周天王的宾客。爻辞预示敬仲将来成为诸侯君临一国，朝觐周天王。但不是为陈国国君，而是作别国国君；不在自身，而在其子孙。"光远而自他有耀者也"，是说敬仲所具有的"光"，由此处照亮别处，由自身照及后代。以上，周史根据爻辞为说；以下据卦象进一步解释。"坤，土也"，指《观》《否》二卦之下坤，为有国土之象；"巽，风也"，指《观》之上巽；"乾，天也"，指《否》之上乾。"风为天于土上"，言《观》之上巽，变为《否》之上乾。《否》下坤为土，上乾为天；所以说"风为天于土上"。下文"山也"，以卦象论之，颇费解。杜预注云："自二至四，有艮象，艮为山。"这就是所谓"互体"。易学家所谓的《左传》"此筮为言互卦之祖"①，其实源自杜预注。通检《左传》言《周易》者凡十九处，无一言及卦之二三四爻或三四五爻互连为卦者。认为言"互体"始于《左传》实不可据。但我们由周史的说解却可以得到两点认识，其一，"互体"讲卦象。它的存在以卦象为前提。本章第一节已经指出《周易》本无卦象。以此推论，则"互体"非《周易》所原有。其二，不论"互体"为周史之本意还是杜预的心得，他们都是以卦象为说，是在解释卦象中遇到了难圆其说的困境，才用"互体"，诚如屈万里所说："本卦之象，不足以济其说也，乃求之互体。"②

然而，以"互体"说《周易》者，又找出了《系辞》中的"中爻"为证

①尚秉和《周易尚氏学》，中华书局1980年版，第343页。

②《汉魏易例述评》，载《周易研究论文集》第二辑，，北京师范大学出版社1989年版，第271页。

据。汉今文易学家京房就说“中爻”即“互体”，指卦之二至四、三至五，两体交互各成一卦。“互体”与“中爻”，名虽异而实同。于是“互体”有了孔圣人作的《系辞》为依据，有很高的权威，无可置疑，遂成定例。这里不得不考察《系辞》中与“中爻”有关的两节文字：

> 易之为书也，原始要终以为质也，六爻相杂，唯其时物也，其初难知，其上易知，本末也。初辞拟之，卒成之终，若夫杂物撰德，辨是与非，则非其中爻不备。

这一节总论《周易》全书“原始要终”的总体原则。推原物之始，要约事之终，主要体现在一卦六爻中的初爻和上爻。初爻体现事物的初始（初辞拟之），微而未显，故难知；上爻体现事物的终结（卒成之终），成败显著，故易知。以上强调了事物的始终和爻的初上。为了避免片面的理解，下文特意申明二、三、四、五各爻，即所谓“中爻”的地位和作用：以不同的爻构成不同的卦象以表现复杂的人事（杂物）各自的特点（撰德）和不同的事理（辨是与非）。这是因为，爻之初上仅及物德之本末，而事物的复杂情况、特点的具体表现和是非的微妙区别，则在事物发展的过程中展开，非爻之初上可以表现，必须通过具有不同性质，处于不同地位的二三四五各爻来表现。否则事理物德就不能表述清楚完备。这里所说的只是二三四五各爻的特点和作用，从未涉及它们之间的互相借助、重新组合问题。当然不能成为“互体”说的根据。可见，京房以“互体”释“中爻”对《系辞》这节原文是曲解。至于《系辞》下面一节：

> 二与四同功而异位，其善不同；二多誉，四多惧，近也。柔之为道，不利远者；其要无咎，其用柔中也。三与五同功而异

位：三多凶，五多功，贵贱之等也。其柔危，其刚胜邪？

同样是说明二、三、四、五各爻的不同性质和地位。作者把同处偶数（阴）位的二和四和同处奇数（阳）位的三和五各自列为一组（同功），然后再视其上下位置的不同（异位），指明其利害得失的不同（其善不同）。并且持“互体”论者在解说这节文字时也没有说“二、三、四”或“三、四、五”组成新卦[①]。由此可见，以《系辞》本章文字证明“互体”，其证据是虚构的，可谓不攻自破。

经过上面的考察，我们可以说，“互体”既非《周易》原有之筮例，也不见于《左传》和《系辞》，是汉代易学家京房之流以卦象说《易》变出的新招法，以济其卦象说之穷。这样说来，“互体”似乎与“春秋易说”无关。问题倒也并不这样简单。依我看，春秋人讲《周易》虽然没有直接地、明确地提出“互体”一说，有的却在解说中提出了卦象之外的新的意义。这新的意义引发了以牵强附会为思维特征的汉代易学家京房之流“创造”出所谓“互体”。

为了便于说明，我们看春秋人以卦象解《周易》的几种情况。

第一种：《国语·晋语》载晋公子重耳筮得贞《屯》䷂悔《豫》䷏。筮史解释《屯》卦卦象时说：“震，雷也，车也。坎，劳也，水也，众也。主雷与车，而尚水与众。车有震，武；众顺，文也，文武具，厚之至也。故曰屯。”《屯》卦内震☳为雷，为车，兼有兵车，雷鸣之象，雷鸣而万物震惊，于是衍生出威武之意。所以说“车有震，武”。《屯》之外坎☵，为水，为众，水流随地势而行，于是有顺遂之意。所以说

①尚秉和《周易尚氏学》卷一九释本节云：“二四同为坤位，故同功，而二位在内，且居中，故异位。三五同为乾位，故同功，而五在外，且居中，故异位。近谓二在内卦，远谓四在外卦。柔之为道不利远，二近故多誉，四远故多惧，其谓近五故惧者非也。三五皆阳位，故柔爻居之危，刚爻居之胜。”丝毫无涉于“互体”。

“众顺，文也”。“文”和“武”，是在同一卦体兼有不同卦象的基础上衍生的新意义，是可以经过对原有卦象之间的关系来理解和说明的。第二种：《左传》宣公十二年载，晋知庄子释《师》䷆之《临》䷒曰：“众散为弱，川壅为泽。”这是说《师》之下坎☵变为《临》之下兑☱。坎为众，兑为少女；少女柔弱，故曰“众散为弱”。坎又为川，兑为泽，泽因流水壅塞而成，故曰“川壅为泽”。这里的“散”和“壅”是在坎变为兑的过程中产生的新意义，也是可以经过对本卦卦象和之卦卦象之间的关系来理解和说明的。第三种：《左传》僖公二十五年载：秦穆公筮得《大有》䷍之《睽》䷥，卜偃释曰：“天为泽以当日，天子必降心以逆公。”本卦《大有》下乾为天，因九三阳变为阴，之卦《睽》下兑为泽。这是天变为泽，但处于下卦，并在上卦离日的光照之下，所以说“天为泽以当日”。它隐含着天降为泽之义，所以下文说“天子必降心以逆公”。这个“降”的意义也是可以从卦象天、泽、日之间的关系中体味出来。以上三种情况虽有不同，但有一个基本的共同点，即卦象所衍生的是抽象意义，它是可以从原卦象之间的关系中体会、把握的。

但上文提到的《左传》庄公二十二年陈厉公的筮卦和周史的解释“风为天于土上，山也”就与之不同。周史徒然提“山”这个具体的自然物象，很难从原有卦象风、天、土之间的关系中体会。这就在卦象说者面前提出一个司芬克斯之谜。因而也调动了后世卦象说者的“想象”或“创造”。京房治《周易》宗孟喜的卦象说，创“互体”以济卦象之穷；杜预用之以注《左传》。很明显，杜预是看到周史说的“山也”无所指实，才依据“艮为山”的卦象定例，注曰“二至四有艮象，艮为山”。这样看来，“互体”由汉京房提出，经杜预把它应用于对《左传》的注释，才成为治易的“门径”。而春秋人以卦象说《周易》提出的新意义、新物象却是以“互体”说《周易》的滥觞。它表现了春秋人说易滥于变化的思维趋向。这和春秋人讲之卦一样，源于《周易》筮法的变化观念，却把这筮法中有一定积极意义的变化观念，引向了以不变讲变化，以不变为体，以变化为用的形而上学。

《周易》作为占筮巫术的产物，它的巫术职能是以有限的形式（卦爻辞）传达神意，回答不断变化着的现实人生通过贞筮者向它提出的无限问题。以有限回答无限，以固定解说变化，这是《周易》与生俱有的不可克服的矛盾。占筮中数变观念是《周易》巫术区别于、优越于其他巫术之处。因为，数的变化与现实人生的变化虽然没有内在的因果联系，但表现在占筮活动中却构成了某种相关和相通。其表现是揲筮过程中基于数变的以变爻为占。“春秋易说”中的“之卦”，就是以变爻为占的衍化。不过，“之卦”的变化形式是显豁的。它还保留着古老占筮巫术的某些内容。《系辞》说“爻之为言变也”，大概有古代易说之本。随着社会的发展，人事的纷繁，原有的以本卦变爻为占，衍化为兼言之卦卦爻辞，是符合占筮需要的。巫术毕竟是巫术。它在占筮者面前是神秘的，有权威的；但在现实生活面前终究是虚幻的，因而是脆弱无力的，经常显现出捉襟见肘的窘态。这反而促进了占筮巫术的发展。于是出现了“卦象”说和基于卦象的“互体”说。如果说之卦相对于本卦而言因爻变而出现了一个新卦，是基于《周易》巫术原有的以变爻为占，还没有突破《周易》的占筮方法；而互体则是在卦象基础上利用一卦之内爻与爻之间的某种组合方式产生了新的卦象，包括由原卦象衍生出来的新的抽象意义和具体的自然物象。这是占筮巫术的新花样，对中国文化来说，是一个极其恶劣的苗头。

本来巫术中蕴藏着的数变观念，是中华文化原初形态中十分值得珍贵的因素。变爻为占以巫术的形态曲折地表现着中华古人对万物变化的朴素认识，仍不失其文化心理上的积极作用。这是因为，“变化”是宇宙间一切事物普遍的、永恒的现象。之卦的出现，是变爻为占形态上的衍化。二者几乎是同实而异名。“互体”不同于之卦，它是以卦象为前提，在固定的六爻之中别生卦象。按卦象而论，一卦之中仅分上下两卦，而经互体说的调理、组合，一卦之中竟然含有四卦。以泰卦䷊为例，下为乾☰，上为坤☷，二至四为兑☱，三至五为震☳。再附以若干卦象，如乾为天，为君，为父，为玉，为金；坤为土，为马，为母，为众，为顺，为帛；兑为泽；震为车，为雷，为兄，为长男，为足。卦象的增加给解说者以更多的口实。以上所列卦象仅以见于《左传》和《国语》者为限。若依《说卦》、《杂卦》所列，再加上后世易学家“发现”的所谓“逸象”，则何止千百！它们任意错综变换，极尽纵横捭阖之功，真的可以范围天地，弥纶宇宙。这就把变化观念进一步引向占筮巫术的深层，并使变化观念获得了不变的、形而上学的表现形态。从而适应了以有限说明无限，以固定解释变化的占筮要求。其核心是以不变讲变化。不变的是阴阳二爻；变化的是本卦之卦，内卦外卦之间关系以及变化过程中产生的新意义和互体所谓的二至四、三至五所构成的“新卦”。这种招法，简言之，即不变为体，变化为用。易学家常说“易一名而含三义，易简一也，变易二也，不易三也”①。三义之中以不易为体、为主，以易简、变易为用、为从，方为的诂。应该说《系辞》作者深得《周易》巫术系统的奥蕴，他生怕世人误会，以为《周易》真的讲变化，开宗明义就郑重其事地写下了“天尊地卑，乾坤定矣；卑高以陈，贵贱位矣”这十六个大字，从而明确了《周易》巫术系统的基调。从《周易》经“春秋易说”以至《易传》从来就把变化放在显豁的位置，或使变化具有显豁的表现；但也从来没有真正地、彻底地

---

①孔颖达《周易正义》卷首论《易》之三名，见《十三经注疏》，中华书局 1982 年版，上册，第 1 页。

贯彻变化观念。似乎是《周易》为六经之首的缘故，之卦，互体的变化观念及其表现形式，深刻地影响着中国封建社会的文化。历代传习，不断提炼，以至于概括出适应于统治者的“至理名言”。流传于世间的“以不变应万变”，“以变求不变”，“不变其体，变化其用”，“变化其名，不变其实”等均是。这类貌似辩证法的命题，实在是《周易》巫术系统传给中华文化的癌细胞。它对中华文化的致命之处就是在变化的名义中求不变。这是任何其他形而上学所难以比拟的。我以为，汉以后的封建统治者深知它的妙用，才一直把它尊为五经之首，并非只因为它是伏牺、周文、孔丘等圣人的“垂训”。这就是《周易》的文化奥秘。

第三节　道德意识

由于地理环境的影响，中华民族早在氏族公社时代就开始了农业耕种。公社成员之间以血缘为纽带形成生活中相互亲善，生产中相互协作的关系。这对氏族公社的生产和生活，一直发挥着积极的作用。因此，当原始社会末期，中华民族即将步入文明时代的历史时刻，它所选择的途径，不同于西方氏族公社的解体，而是氏族公社的延续和加强。氏族公社时代的血缘关系也延续到奴隶制社会。周王朝建立后，在这种血缘关系的基础上，建立了宗法制度，把上自天子下至庶民的社会成员统统编织在宗法制度的关系网中，实行着神权、政权和族权三位一体的统治。这种统治在思想上要求“敬天”，还要“法祖”。根据侯外庐的研究，因天神崇拜而行郊天，提倡“德”的观念；德者，得也，得之于天也。因祖宗崇拜而行禘祖，提倡“孝”的观念；孝者，效也，效法于祖宗也。“德”与“孝”成了周王朝实行宗法统治的道德纲领。这种道德观念本身就包含着天神崇拜的宗教内容，因之，在以神意指示人生的《周易》中，自然也记录着有关德与孝的文字。

《恒》九三：不恒其德，或承之羞。贞吝。

《恒》六五：恒其德，贞妇人吉，夫子凶。

《益》九五：有孚，惠心勿问，元吉；有孚，惠我德。

《蛊》初六：干父之蛊，有子考……

《蛊》九二：干母之蛊……

《恒》卦之恒，常也；德，概指人之意志、情操等内在品德，乃天之所赋与人者。"恒其德"谓常守天赋之纯正品德[①]。《益》九五爻辞据闻一多考释：遗人以物谓之问；施人以德谓之惠。"惠心勿问"者，以德惠人而不以财物遗人。这与《论语·尧曰》："君子惠而不费"同义[②]。据此，则《益》九五之"有孚，惠心勿问"谓对待俘虏当惠之以德，即以天赋之品德启发之；勿问之以物，即不要用财物引诱其物欲。爻辞反映了中华古人的德教传统。"惠我德"即惠之以我固有的天赋品德，义与上同。《蛊》初六"干父之蛊，有子考"，王引之读蛊为故[③]；于省吾读考为孝[④]；闻一多读干为贯，并引《尔雅》、《说文》训贯为"习行"。"干父之蛊"即贯父之故；"干母之蛊"即贯母之

①李镜池《周易通义》释"恒其德"为"田猎常有所得"。九三爻辞意为"田猎不能常有所得，幸好有人送来了美好食物"。这体现了集体劳动平均分配的原始共产主义分配的原则。六五爻辞分为两截。"恒其德"谓田猎常有所得，"贞妇人吉，夫子凶"属另占附载，不连上读。表明男女之对立。释义迂曲，疑非。

②详闻一多《周易义证类纂》，载《闻一多全集》(二)。

③王引之著《经义述闻》，江苏古籍出版社 1985 年版。

④于省吾著《双剑誃易经新证》，文听阁图书有限公司 2008 年版。

故，谓习行父母之故事。“干父之蛊，有子考”其义即《论语·学而》“父在观其言，父没观其行，三年无改于父之道，可谓孝矣”①。上引数则爻辞可见，《周易》已经包涵着道德修养的内容。这使它后来成为神道设教的教科书，同时也是“春秋易说”中道德意识的缘由。这一切共同显示着宗法制度下占筮巫术的文化特色。

春秋时期，开始酝酿着中国古代社会的重大变革。在领主封建制的社会经济中孕育着新的因素，人际关系也出现了新的组合。由于上述社会的原因和统治阶级提倡道德的虚伪性，在意识形态领域也出现了道德危机，旧道德受到挑战，新道德酝酿产生。社会各阶级成员都重视道德问题，一时间成了社会舆论的中心，几乎时时，处处，事事都要作出道德评价。譬如，春秋时期本是大国争霸的时代，正所谓“当今争于气力”②。军国大事的得失与统治者个人道德修养的关系不是很大；某些军事家政治家却偏要把军事决策、政治决策和道德问题拉扯在一起。晋国假虞道以伐虢，虞国大夫向虞君提出了反对意见，论假道之危害，而要说到“唯德是依”③。秦军袭郑，晋大夫原轸以为这是阻击秦师、争霸中原的有利时机，也要说到秦穆公的“以贪勤民”④。利与害，德与不德，本属不同范畴，不存在着后者决定前者的关系。有时人们竟要根据道德评价作出决定，以趋利避害。在这种风气浸染下，当人们应用《周易》占筮或者引用《周易》说明事理的时候，便出现了如下情况：

（一）应用《周易》占筮，不仅以卦爻辞推断吉凶，同时还把占筮者的行为目的，个人品德和卦爻辞结合起来考虑，突出了道德对个

---

①说见闻一多《周易义证类纂》，载《闻一多全集》(二)。

②《韩非子·五蠹》，详见陈奇猷《韩非子集释》(下)，上海人民出版社 1974 年版，第 1042 页。

③《左传》僖公五年，见杨伯峻《春秋左传注》第 1 册，中华书局 1981 年版，第 309 页。

④《左传》僖公三十三年，同上书第 497 页。

人前途的决定作用。《左传》昭公十二年：

> 南蒯之将叛也，……枚筮之，遇《坤》之《比》，曰“黄裳，元吉”。以为大吉也。示子服惠伯曰：“即欲有事，何如。”惠伯曰：“吾尝学此矣。忠信之事则可；不然必败。外强内温，忠也；和以率贞，信也，故曰：‘黄裳，元吉。’黄，中之色也。裳，下之饰也。元，善之长也。中不忠，不得其色。下不共，不得其饰。事不善，不得其极。外内倡和为忠，率事以信为共，供养三德为善，非此三者弗当。且夫，《易》不可以占险。将何事也？且可饰乎？中美能黄，上美为元，下美则裳，参成可筮。犹有阙也，筮虽吉，未也。”

鲁国季平子的费邑宰臣南蒯欲背叛季氏，以强公室。筮以为“大吉”。子服惠伯却对应用《周易》占筮发表了一通议论。他认为“《易》不可以占险”，做险恶的事情不能用《周易》占筮。这就为《周易》的占筮规定了一个范围，只占善事，不占恶事；同时也把《周易》的占筮神验转变成惩恶劝善的道德权威。谈话的中心是借爻辞发表有关道德的议论。《坤》六五爻辞：“黄裳，元吉”，本无深意。只是古人以黄色为贵，黄裳是吉祥的服饰，以黄裳预示吉祥。可子服惠伯改读为“黄、裳、元，吉”。并引申三字字义，附会出道德内容：“黄，中之色也”，“中不忠，不得其色”，要求占筮者有忠诚的美德；“裳，下之饰也”，“下不共，不得其饰”，要求占筮者有恭谨的美德；“元，善之长也”，“事不善，不得其极”，要求占筮者有行善的美德。按照子服惠伯的说法，《周易》的占断之辞，竟然变成了道德戒律。基于此，他对占筮者又提出了三条道德要求：“中美”，“上美”，“下美”。认为“非此三者弗当”，只有“三美”兼具，才能像爻辞中所说的“元吉”；有一缺失，则占筮“虽吉，未也”。子服惠伯这番议论的意义在于，把《周易》的占断和占筮者的行为、道德结合起来，并强调道德对个人前途的决定作用。

又如：《左传》僖公十五年载：晋献公打算把长女伯姬嫁给秦穆公，曾以《周易》占筮。史苏占曰：“不吉。”献公不从，仍嫁伯姬于秦。后来，晋献公宠爱骊姬，欲立骊姬生子奚齐为晋君，杀太子申生，逐公子重耳、夷吾，酿成晋国内乱。及奚齐被杀，公子夷吾立为晋君，是为晋惠公。晋惠公执政后违背了与他姐姐伯姬（秦穆夫人）的约言，又在秦晋两国关系上得罪了秦穆公。穆公伐晋，惠公被俘。惠公认为，晋国内乱，自己被俘，都是晋献公不听史苏的占断，嫁伯姬于秦所引起的。他追悔说：“先君若从史苏之占，吾不及此夫?”在旁的晋大夫韩简却说：“先君之败德，及可数乎！史苏是占，勿从何益！”①晋惠公从自己的遭遇中体会到占筮的“灵验”，是一个占筮巫术的迷信者。韩简却很清醒。他的话有三层意思：其一，晋国内乱，惠公被俘，是晋献公品德上的污点造成的；其二，这种祸乱根源既然是“先君之败德”，就不是筮术可以预测得到的；其三，即使是晋献公从史苏之占，不嫁伯姬于秦，只要他宠爱骊姬，废长立幼，终要酿成祸乱。韩简把晋国事变，惠公遭遇的始因归结为献公道德上的缺失，从而否定了《周易》的占断。

上文谈到，《周易》卦爻辞中部分地记录着人们的生活经验，包含着道德修养内容，但其根本思想是神学迷信。编纂者确认，神意指示着人的行动；人仅仅是在神的控制下发挥着自己的智慧和力量。在《周易》那里，是神学统治下的神与人的统一。到了春秋时

①“及可数乎”，洪亮吉《春秋左传诂》云“犹言‘数可及乎！’”“勿从何益”，杨伯峻《春秋左传注》云：“勿，非否定副词，乃语首助词，无义。”

期，天神决定人事的思想逐渐减弱，产生了“吉凶由人”的新观念①。鲁子服惠伯和晋韩简的见解就是在这样的思想背景下，从《周易》卦爻辞的微弱人为因素、道德因素中发展起来的人神分离的观念。它否定了天神决定人事的巫术迷信，主张从个人的行为道德中去寻求吉凶祸福的根由。这一新观念表示唯物主义的因果论正在替代着神学世界观。《周易》巫术系统正在悄悄发生着变化。

（二）应用《周易》占筮，在解说卦爻辞时，主要的不是推断吉凶，而是进行道德评价。

《左传》襄公九年：

> 穆姜薨于东宫。始往而筮之，遇《艮》䷳之八。史曰：“是谓艮之《随》䷐。《随》，其出也。君必速出。”姜曰：“亡！是于《周易》曰：‘随，元亨利贞，无咎。’元，体之长也。亨，嘉之会也。利，义之和也。贞，事之干也。体仁足以长人，嘉德足以合礼，利物足以和义，贞固足以干事。然故不可诬也。是以虽随无咎，今我妇人，而与于乱，固在下位，而有不仁，不可谓元；不靖国家，不可谓亨；作而害身，不可谓利；弃位而姣，不可谓贞。有四德者，随而无咎；我皆无之，岂随也哉！我则取恶，能无咎乎！必死于此，弗得出矣。”

鲁成公的母亲穆姜与鲁大夫叔孙侨如私通，欲去成公而立侨如。事败，侨如去齐；穆姜迁居东宫（别宫）。穆姜筮卦以占吉凶，得《艮》之《随》。以卦名而论，随，随人而行，有出走之意。故鲁史占

①《左传》僖公十六年：宋国发生了陨石坠地，鸟退飞的现象。周内史叔兴解释说：“是阴阳之事，非吉凶所生也，吉凶由人。”

之曰:“君必速出。”穆姜的议论有两重意义。其一,她认为卦辞“元亨利贞”是四重美德,占筮者有此四德才能“无咎”。检讨自己,以妇人而乱国政,“不可谓元”;鲁国内乱,“不可谓亨”;事败,而幽闭别宫,“不可谓利”;与侨如私通,“不可谓贞”。道德上的反省,使她否定了卦辞中的贞断:“我则取恶,能无咎乎!”穆姜以道德评价取代了占筮推断,表现出清醒的认识。其二,她所说的“四德”,并非卦辞原意。高亨释云:“元,大也;亨,即享祀之享;利,即利益之利;贞,即贞卜之贞也。”“《随》之‘元亨利贞’,犹言大亨利占耳。”①其释切合《周易》原意。然穆姜的“四德”说,并非随意附会,在文字上有着形义上的关联。元,古文作从人,从二;二,古文上字,指人之首。所以《尔雅·释诂》:“元,首也。”穆姜说:“元,体之长也”,符合元字本义。《说文》:“仁,亲也,从人二。”《中庸》:“仁者,人也”,郑玄注:“人相偶也。”“仁”之“从人二”与“元”之“从人,从二”,本不相同。穆姜视其形近,赋“元”以“仁”意,说:“体仁足以长人”,“而有不仁,不可谓也”,就纯属牵强。亨,即享祀之享,金文作(盂鼎),甲骨文作②,象宗庙之形。《说文》作,隶书作享。《广雅·释言》:“享,祀也。”享祀献物以祭,属嘉礼;享有主宾曰会。穆姜说“亨者嘉之会也”,“嘉会足以合礼”,不失享义。利,从刀,从禾。《说文》:“和,应也”,今语符合之义。《大戴礼记·四代篇》:“义,利之本也。”古人以为义与利并非截然对立,本自相通。穆姜说:“利,义之和也”,意谓利亦符合于义。“利物足以和义”犹言利于人者是合于义的。穆姜所言实乃当时的一般认识。“贞”本为占问之意,穆姜为桢干之桢。《庄子·列御寇》:“吾以仲尼为贞干。”是贞桢时

①《周易古经今注》(重订本),中华书局1984年版,第110、113页。

②罗振玉《殷墟书契后编》上,中国青年出版社1999年版。

或通用。桢者，板筑工事中之支柱，以刚硬之木为之；干者，缩板。立木为桢，横木为干。杨公骥说：桢木为刚硬之木，用于板筑，作为表工具之名。由于桢本身的刚硬性质和生产中的坚固作用，成为生产领域中准则之名，再转化为社会领域中的道德准则之名。“贞”是“桢”性质的抽象引申，义为坚固矗立，毫不动摇，即“贞固”，又作“桢固”①。穆姜说：“贞，事之干也”，“贞固足以干事”，实在是符合语义的衍化规律。这样可以说，穆姜是春秋时期，摆脱巫术迷信束缚，从词义上灵活地解释卦辞，并赋与道德含义的一个杰出的女性。她对《随》卦的解释，自觉地把占筮之书的《周易》视为道德训诫的教条，代表了“春秋易说”的积极倾向。

（三）引用《周易》作为说事论理的经典依据。

《左传》襄公二十八年：

> 郑伯使游吉入楚……子大叔（游吉）归，复命，告子产曰：“楚子将死矣，不修其政德，而贪昧于诸侯，以逞其愿，欲久，得乎？《周易》有之，在《复》䷗之《颐》䷚曰：‘迷复，凶。’其楚子之谓乎！欲复其愿，而弃其本，复归无所，是谓迷复，能无凶乎！……”

郑大夫游吉认为楚康王贪昧逞愿，将不久于人世。“贪昧”，谓其贪于小利而昧于大局②；“逞愿”，谓其争霸于诸侯③。由于楚康王个人品德的“贪昧”而导致楚国政治外交上的“弃其本”。游吉引

①杨公骥《漫谈桢干》，载吉林省社会科学院《社会科学战线》1978年第1期。

②《左传》襄公二十六年：郑子产说：“楚王是故昧于一来，不如使逞而归，乃易成也。夫小人之性，衅于勇，啬于祸，以足其性，而求名焉者，非国家之利也。”

③《左传》襄公二十七年，记晋楚将盟于诸侯而“楚争先”。

用《复》上六爻辞“迷复，凶”作进一步证明。爻辞原意是一个人处于迷惑状态，说了话还要实践，这样下去一定凶险。“迷”本指一个人的精神状态，并不是道德的负概念，但与人的思想意识，品德修养有关。郑游吉引用它，并加以提炼，升华，使它具有“凶德”的意义。

又如，《左传》宣公六年：

> 郑公子曼满与王子伯廖语，欲为卿。伯廖告人曰：“无德而贪，其在《周易》《丰》䷶之《离》䷝，弗过之矣。”

王子伯廖对郑公子曼满的贪权嗜位深恶痛绝，认为曼满“无德而贪”。这是基于自己的道德观念作出的批评。他引用《周易》论断其前途凶险。其实，《丰》上六爻辞：“丰其屋，蔀其家。窥其户，阒其无人，三岁不觌，凶。”只是勾画出一幅房屋高大、庭院遮蔽，室内无人的败落家庭的景象，没有说主人“无德”。伯廖引用时，从具体景象中抽绎其义，由高大其屋而见其贪，贪即无德。这是有意识地从卦爻辞中抽象其道德意义，较之郑游吉对《周易》的引用则更进了一步。

上述三种情况说明，春秋人不只是应用《周易》占筮吉凶，还把《周易》视为涵有道德训诫内容的文化典籍，引用《周易》进行道德评价、说事论理。这是“春秋易说”的积极倾向。以此为契机，《周易》开始了从占筮之书向神道设教经典的转化历程。

第四节　孔子和《周易》

在考察“春秋易说”时，自然要谈到春秋末期的孔子。多数学者肯定孔子与《周易》的关系，至于是怎样关系，持论各不相同。涉及到这样四个问题：读《周易》、作《易传》、以《易》教、传《易》说。这里略陈管见。

一、关于读《易》

孔子读《易》，史有明文，无需辞费。自郭沫若提出“孔子与《易》并无关系”①，时有和者，于是又成了悬案。问题的探究，还要回到《论语》的两则语录：

> 子曰：加我数年，五十以学《易》，可以无大过矣。（《述而》）
>
> 子曰：南人有言曰：“人而无恒，不可以作巫医。”善夫，“不恒其德，或承之羞”。子曰：“不占而已矣！”（《子路》）

关于第一则，郭沫若认为，“易”字应从《鲁论语》作“亦”。全文读作“加我数年，五十以学，亦可以无大过矣”。这一读法好像是孔子到了四十多岁才发愤向学。这与孔子说的“吾十有五而志于学”（《为政》）相违。许多学者已为文辨明，郭说不可从。如从不同版本看，朱熹《论语集注》云：“刘聘君见元城刘忠定公，自言尝读他《论》，‘加’作‘假’，‘五十’作‘卒’，盖‘加’、‘假’声近而误读，‘卒’与‘五十’字相似而误分也。愚按：此章之言，《史记》作‘假我数年，若是我于《易》则彬彬矣’。‘加’正作‘假’而无‘五十’字，盖是时孔子年已几七十矣，‘五十’字误无疑也。”依照朱熹的说法，原文应作：“子曰：假我数年，卒以学《易》，可以无大过矣。”并说“时孔子年已几七十矣”。这一推论与《史记》“孔子晚而喜《易》”相合，符合情理。有力地证明了孔子晚年读《易》的事实。

---

①见郭沫若《周易之制作时代》，载《郭沫若全集》历史编（一），人民出版社 1984 年版。

关于第二则,“不恒其德,或承之羞”为《周易·恒》九三爻辞。孔子在称赞南人之后,又引《恒》九三爻辞,告诫人们,“人而无恒”不仅难以立足人世,甚或蒙受耻辱。这与第一则学《易》可以无大过是同一思想。表明孔子重视《周易》,是因为其中包含有关道德修养的内容。关于“不占”二字历来多以荀子“善为《易》者不占”(《荀子·大略》)来证明孔子否定占筮巫术。这未免割断了孔子同当时社会思想现状的联系。“在孔子的时代,社会上一般人仍然只把《周易》看作一部占筮书,而他们之所以熟悉《周易》的卦爻辞,也是通过《周易》进行占筮才达到的。因此孔子所说的‘不占’,意思就是说由于不去占筮,所以不熟悉《周易》的卦爻辞,因而也不知道卦爻辞中所说的‘不恒其德’就会蒙受耻辱的道理。所以,实际上孔子所说的‘不占’就是不去学习卦爻辞所讲的道理的意思。”①我以为这样理解符合孔子谈话迂徐蕴藉的一贯风格。

《论语》中这两则语录说明,孔子把《周易》视为一种蕴涵着人生哲理的书籍,学习它可以不犯大过,少犯错误,提高品德修养。这种认识,一方面是春秋中叶穆姜等人对《周易》的认识和解说的继续和发展;另一方面也符合孔子本人的思想实际。孔子是一位文化崇古主义者,对古代文献“敏以求之”,“学而不厌”。《周易》虽是占筮之书,但作为周王朝流传下来的文献,和《诗》、《书》是同样的,故而受到孔子的重视。特别是到了晚年,孔子经过了政治上的升沉,学术上的取舍之后,他的学问已达到了“六十而耳顺”的境界。所谓“耳顺”,用现代语言表述,就是对于外界的各种不同内容,不同形式的信息,他都统统接收过来,经过自己主观的加工、改造、提炼,成为他一贯学术思想学说体系的有机组成因素。孔子对

①陈金生《周易与中国哲学》,载《文史》第14辑,中华书局1982年,第306页。

《周易》就是在这种学问境界，采取这种态度，达到这种认识的。这对《周易》从占筮之书转化为儒家经典著作是一个关键性的转折。经他的揭示和他的儒家创始人的影响，他的后学——战国儒家才不断地透过《周易》的巫术外壳发掘其“义理”，又结合其巫术外壳建构了一座哲学殿堂，对中国的传统文化发展起着巨大而深远的影响。

二、关于作《易传》

孔子作《易传》之说，不见于《论语》及其他先秦文献。战国中期儒家的代表人物孟子最推崇孔子，也只是说他作《春秋》。最早提到孔子作《易传》的是《史记》。《孔子世家》说：“孔子晚而喜《易》。序《彖》、《系》、《象》、《说卦》、《文言》，读《易》韦编三绝。”明确提出孔子作《十翼》的是东汉人班固。《汉书・艺文志》于《易经》下说：“文王……作上下篇，孔氏为之《彖》、《象》、《系辞》、《序卦》之属十篇。”于是孔子作《十翼》成为汉唐诸儒的古训，信而不疑。自宋欧阳修作《易童子问》开始怀疑《系辞》、《文言》、《说卦》以下皆非孔子所作。其后经清崔述，及近代学者顾颉刚、钱穆、李镜池等人考证，《十翼》非孔子作已成为多数学者的共识。综合诸家的考证，其理由主要有以下几点。

（一）《文言》中有两处解释《乾》卦卦辞，自相抵牾。《系辞》对八卦的起源时而说“河出图，洛出书，圣人则之”，时而说是伏牺氏仰观俯察而后作，而《说卦》又认为“幽赞于神明而生蓍”。凡此诸说互相乖戾，不能出于一人，更不能出自孔子。至于《文言》、《系辞》中“何谓”、“子曰”以下文字，皆后世《治易》讲师之言。（欧阳修《易童子问》）

（二）孔子作《春秋》，其文谨严简质；《十翼》文辞繁富。孟子表彰孔子不遗余力，屡言孔子作《春秋》，无一言及于作《易传》。（崔

述《洙泗考信录》)

(三)《易传》与孔子的思想根本不同。根据《论语》所记,孔子还没有否定天命,肯定自然之道,以鬼神为精气所化的思想。(冯友兰《孔子在中国历史中的地位》、钱穆《论十翼非孔子作》)

(四)《周易》由卜筮之书升为儒家经典,有一个过程,即"筮书—义理新释—经籍散亡而要求范围扩大,《周易》成为经书"。西汉时《周易》成为经书,才有人为之作传,才有孔子作《易传》的传说。(李镜池《易传探源》)案,李镜池以为《周易》成为经书之后才有人为之作传一说,有违史实。西汉初之陆贾《新语》和司马谈《论六家要旨》之引《系辞》,《淮南子》之引《序卦》(文字均略异),《论衡》载汉宣帝时河内女子发老屋得战国时之《杂卦》,近年出土西汉文帝时帛书《周易》之卷后佚书,都证明战国时已有解说《周易》的文字。如果说,它们均非孔子所作,西汉中期《周易》被尊为经典以后,儒生借孔子以重《周易》,把战国以来有关《周易》的解说搜罗十篇,记在孔子名下,称为《十翼》,就比较符合实际了。

三、关于以《易》教

《史记·仲尼弟子列传》:"孔子传《易》于商瞿,瞿传楚人馯臂子弘,弘传江东人矫子庸疵,疵传燕人周子家竖,竖传淳于人光子乘羽,羽传齐人田子庄何,何传东武人王子中同,同传菑川人杨何,何元朔中以治《易》为汉中大夫。"这个易学师承传统,"始祖"是孔子,孔子以《易》教弟子,当无问题。可是《孔子世家》却又这样记载:

(一)"孔子不仕,退而修《诗》、《书》、《礼》、《乐》,弟子弥众,至自远方,莫不受业焉。"这是鲁定公六七年间,孔子四十八九岁的事情。

(二)"孔子以《诗》、《书》、《礼》、《乐》教,弟子盖三千焉,身通六艺者七十有二人。”这是司马迁按时间顺序记述了孔子一生经历之后，总记孔子的教育活动，为人为学的特点，下文便是西狩获麟，孔子绝笔。

总观《孔子世家》一言孔子“修《诗》、《书》、《礼》、《乐》”，再言“孔子以《诗》、《书》、《礼》、《乐》教”，又言“弟子受《春秋》”，就是没有提到孔子以《易》教，这就不能不引起后世的怀疑。我们只有查阅有关孔子最可信的文献《论语》中的记载：

> 子曰：小子，何莫学夫《诗》？（《阳货》）
>
> 子曰：诵《诗三百》。（《子路》）
>
> 子所雅言：《诗》、《书》，执礼，皆雅言也。（《述而》）
>
> 子曰：兴于《诗》，立于《礼》，成于《乐》。（《泰伯》）
>
> 子曰：不学《诗》，无以言……不学《礼》，无以立。（《季氏》）
>
> 子曰：吾自卫反鲁，然后乐正，《雅》、《颂》各得其所。（《子罕》）
>
> 或谓曰：“子奚不为政？”子曰：“《书》云：‘孝乎惟孝，友于兄弟，施于有政。’是亦为政，奚其为为政！”（《为政》）
>
> 子张曰：“《书》云：‘高宗谅阴，三年不言’，何谓也？”子曰：“何必高宗？古人皆然，君薨，百官总己以听于冢宰三年。”（《宪问》）

《论语》记录了孔子教育活动的多方面情况，多次提出《诗》、《书》、《礼》、《乐》，强调了学《诗》、学《礼》、学《乐》对于一个人的成长的重要性，并把《尚书》作为政治历史教材，教授弟子。司马迁在《世家》中说“孔子以《诗》、《书》、《礼》、《乐》教”是有根据的，因而是可信的；而《仲尼弟子列传》中说，孔子传《易》于商瞿，则看不到儒家经典文献和其他先秦文献的依据。不管是否出自史迁之手，均是两汉时期借孔子以重《周易》这一思潮的产物。

对于古代文献，我们不应疑古过勇，言之无据，凡是不利自己学术观点的动辄说后人伪造或后人妄加；但也不能泥古过甚，不加检别，有言必从。在历史科学研究中，所谓的“言之有据”的“据”，依我的理解有两类：一类是史有明文的“据”。对这类“据”也要考察它的可信程度。另一类是史无明文的“据”。这个“据”，虽史无明文，却是可以从其他有关史料和背景中鲜明感悟到的历史事实。这类“据”对史学研究工作尤其重要。如西汉以后，适应着封建统治的需要，开始了一个对儒家创始人孔子的漫长的神话运动。这是大家公认的。尊经是为了尊崇孔子的“圣人”地位；尊孔必须有足够数量的适应封建思想统治的经典。在这个背景下，《周易》以占筮之书立于学官，奉为经典，除了有关《易》理的发挥，最重要的是它必须和圣人孔子挂钩。于是，由孔子学《易》，推衍出治《易》，作《易传》，以《易》教，以及孔门《易》学传授系统种种舆论或传说。然而舆论终归不能十分完满，传说代替不了史实。它们不能弥盖《孔子世家》中的有关记载。参酌上述史有明文的记载和史无明文的事实，我们可以说有关孔子以《易》教的说法，和孔子作《易传》一样，均属于“妄”。

四、关于“孔子易说”

孔子作《十翼》的说法已被否定，孔子以《易》教并非事实，先秦两汉文献中孔子解说《周易》的文字又属寓言和传闻之辞，很不可信；“孔子易说”当然是子虚乌有。然而有的学者却谨慎地提出，在《易传》中有三十个“子曰”，这个“子”称颜回为“颜氏之子”，当然是孔子。于是认定这三十个“子曰”以下的有关文字是孔子后学记录的“孔子易说”，保存了孔子对《周易》的理解和阐释。对于《易传》中的“孔子易说”笔者曾撰文探索，认为：“非孔子之言，非孔子之学，不足以考察孔子的思想。”①今撮要叙述如下。

（一）“易说”的万物起源论与孔子的宇宙观不合。“易说”中“天地细缊，万物化醇；男女构精，万物化生”；“乾坤其易之门邪？乾，阳物也；坤，阴物也。阴阳合德而刚柔有体，以体天地之撰，以通神明之德”；“乾坤其《易》之缊邪！乾坤成列而《易》立乎其中矣！乾坤毁则无以见《易》，《易》不可见则乾坤或几乎息矣！”这类文字，表现了这样一系列思想：天地就是阴阳二气，它们的存在是一个变化过程，在这个过程中产生了万物。《周易》设置了乾坤两卦，乾代表天，阳气；坤代表地，阴气。它们体现了自然界产生万物的作用。这是唯物主义的万物起源论。而孔子罕言天道，从没有天地并称以讨论万物起源。孔子所谓“天”多具有人格神的上帝意义。如他说：“天丧予”（《论语·先进》）；“天厌之”（《论语·雍也》）；“天之未丧斯文也”（《论语·子罕》）；“死生有命，富贵在天”（《论语·颜渊》）。他也说过：“天何言哉，四时行焉，百物生焉，天何言哉！”（《论语·阳货》）但这只是在传统的天神概念中注入自然规律的新内容，和《易传》中“孔子易说”把天理解为阳气根本不同。

（二）所谓“易说”中的“知几”理论和孔子的知识论根本不同。“易说”中有这样两段话：

> 子曰：知变化之道者，其知神之所为乎？《易》有圣人之道四焉：以言者尚其辞，以动者尚其变，以制器者尚其象，以卜筮者尚其占。是以君子将有为也，将有行也，问焉而以言，其受命也响。无有远近幽深，遂知来物。非天下之至精，其孰能与于此。参伍以变，错综其数，通其变遂成天下之文，极其数遂

①《“孔子易说”新探》，载《松辽学刊》1987年第4期。

> 定天下之象。非天下之至变，其孰能与于此。《易》无思也，无为也。寂然不动，感而遂通天下之故。非天下之至神，其孰能与于此。夫《易》圣人之所以极深而研几也。唯深也，故能通天下之志；唯几也，故能成天下之务；唯神也，故不疾而速，不行而至。子曰：《易》有圣人之道四焉者，此之谓也。
>
> 子曰：知几其神乎？……几者动之微，吉之先见者也。君子见几而作，不俟终日。……君子知微知彰，知柔知刚。万夫之望。

从上引第二则看，微和柔，指事物的开始阶段；彰和刚，指事物的发展和完成阶段。所谓“知几”，就是把握事物的微小变化，预知事物的发展趋向和最终结局。由事之微而知其彰，由事之柔而知其刚。如果“知几”说止于上述思想，还不失为对事物发展规律的辩证认识。问题的本质是，“知几”说建立在《周易》的神奇作用上。它认为《周易》一书包括了天上人间的一切道理（“天下之道”）；卦爻的变动象征着事物的变化和事变的结局。所谓“知几”就是根据《周易》行筮以通神。《周易》这部书，“无思”、“无为”、“寂然不动”，没有人类的思维，又不从事各种活动，却能“感而遂通”“无有远近幽深，随知来物”。由此看来，所谓“知几”是感通神意，否定人类思维。而孔子的知识论却与之相反，他肯定知识来源于社会人生的闻见：“吾非生而知之者，好古敏以求之者也。”（《论语·述而》）他强调人们的思考：“学而不思则罔，思而不学则殆。”（《论语·为政》）他所谓的“告诸往而知来者”（《论语·学而》）和“温故而知新”（《论语·为政》）是把学与思视为认识活动的相互联接的两个阶段。“告”和“温”是“学”，是认识客观事物的间接途径；“思”是认识活动的深化，“知来”、“知新”是在闻见的基础上，经过思维，达到对客观规律的把握。这表明孔子的知识论基本倾向是唯物主义的，与“知几”说的否定思维，感通神意，绝无相通之处。

（三）“易说”利用安身的人生哲学与孔子的人生观有明显差别。关于人生，“易说”中有一节颇为重要的提示：“尺蠖之屈，以求伸也；龙蛇之蛰，以存身也；精义入神，以致用也；利用安身，以崇德也。”这节文字中“利用安身”是文意关键。“利用”，承上文“致用”，谓利其物用。即利《易》之用，用《易》行筮以趋吉避凶。“安身”，承上文“存身”。尺蠖之屈，龙蛇之蛰，都是为了“存身”。这样看来，“利用”的目的是“安身”，“崇德”的前提是“安身”。基于此，“易说”郑重提醒人们“居安思危”：“君子安而不忘危，存而不忘亡，治而不忘乱，是以身安而国家可保也。”“安身”是崇德广业的首要前提。这和孔子对崇德的认识明显不同。孔子讲“崇德”，“主忠信”，视忠信为道德修养的主要内容。尽己之力以成全他人谓之忠；践己之言以取信他人谓之信，其中包蕴着孔子的献身精神。所以他说：“志士仁人，无求生以害仁，有杀身以成仁。”（《论语·卫灵公》）在“仁”（人的美德）和“身”（人的机体）两者之间，孔子看重的是仁，是“崇德”。“易说”中的“安身”哲学，绝非孔子所有。

鉴于上述分析“易说”的思想和孔子学说的差别，不是同一思想体系内部个别的差异和矛盾，而是不同思想体系的对立和实质性的差别。这就有力地证明了所谓“孔子易说”绝不会出自孔子。

第三章　周易大传

《周易》在春秋时期用于占筮的过程中，一方面沿袭、发展了远古占筮巫术；另一方面，又结合人事、重视道德，逐渐渗入了理性因素。孔子晚年重视《周易》，力图发掘其中的义理，作为其宣传人伦哲学的古代文献。孔子死后，弟子商瞿继续研究《周易》，传授《周易》，形成了战国期间儒家传授《周易》的系统。据《史记·仲尼弟子列传》载"孔子传易于瞿；瞿传楚人馯臂子弘；弘传江东人矫子庸疵；疵传燕人周子家竖……"，在这个传受系统中，"瞿传楚人馯臂子弘"以下记录了《易》学传授的事实，而"孔子传《易》于瞿"则是汉代《易》学经师的编造，是西汉中期尊孔重《易》思潮的产物。正如郭沫若所说："因为孔子是儒家的总本山，凡他的徒子徒孙有所述作都好像是渊源于那儿。"[①]在《周易》流传过程中，自然积累了《周易》的说解，发展了《周易》的思想，编纂起来，就成为《周易大传》，它包括《彖》上下、《象》上下、《文言》、《系辞》上下、《说卦》、《序卦》和《杂卦》，共七种十篇。这十篇又称《十翼》[②]。

---

①《周易之制作时代》，载《郭沫若全集》历史编（一），人民出版社 1984 年版。

②今人多称《周易大传》为《易传》。案"传"谓"训诂"（《公羊传》定公元年注），指解经的文字。《易传》即《周易》的说解。《汉书·艺文志》载"《易传》：周氏二篇，服（转下页）

《周易大传》的内容驳杂，既有远古占筮巫术的遗存，又有战国理性思潮中的不同学理；我们不得以纯一的儒家哲学经典视之。正因为《周易大传》这种理性掩盖着迷信、神学纠缠着哲理的本质特征，使其在中华文化发展史上具有特殊的意义，这就是，它为封建社会的民族文化开创了一个迷信与理性相杂糅的准神学传统。

第一节　新旧易说的缀合

今世学者多已否定孔子作《十翼》的传统见解，而认为《十翼》是一个"整体"，"形成于战国后期"①。其主要证据是《荀子》书中有两段文字来源于《十翼》。一段是《大略》篇："《易》之《咸》，见夫妇。夫妇之道，不可不正也，君臣父子之本也。咸，感也。以高下下，以男下女，柔上而刚下，聘士之义，迎亲之道，重始也。"这段文字与《彖》传中"咸，感也。柔上而刚下，二气感应以相与，止而说，男下女"的文义相同而略变其词句，因而推断《荀子·大略》抄录《彖》传。另一段是《荀子·礼论》中有"故曰：天地合而万物生，阴阳接而变化起"。这里的思想与《系辞》的"刚柔相推，而生变化"和"天地絪缊，万物化醇；男女构精，万物化生"很相近，因而推断来源于《系辞》②。此外，还可以举出陆贾《新语》、司马谈《论六家要旨》和

（接上页）氏二篇，杨氏二篇，蔡公二篇，韩氏二篇，王氏二篇，丁氏二篇"。汉以后解《易》之作亦称《易传》，如北宋程颐的《程氏易传》和苏轼的《毗陵易传》。司马谈《论六家要旨》有"易大传曰"云云，是知，司马谈称其所见的《易传》为《易大传》。本书采高亨先生说，称"十翼"为《周易大传》，以示与汉以后《易传》的区别。

①这个看法可以任继愈主编的《中国哲学发展史》为代表。说见该书先秦卷第591页。

②其实这两项证据还有推敲的余地，《荀子·大略》由荀子弟子杂录而成，非荀况本人的文字。当在荀子之后，其年代不可遽定为战国后期。战国后期，阴阳思想广为（转下页）

《淮南子》等西汉前期作品中有与《周易大传》相近或相同的文字。但那也只能证明《彖》传、《系辞》、《序卦》在汉初已经流行，不能证明《周易大传》中的《象》传、《文言》、《说卦》、《杂卦》是战国后期的作品。这是因为，现存的《十翼》原非一人一时之作，不是一个“整体”。有些论者一定要把它们视为“整体”，恰恰又难以作出“整体”性论证。于是不得不以部分代“整体”，以至显得顾此而失彼，捉襟而肘见。鉴于这种情况，有的学者采用审慎的说法：“《易大传》的大部分是战国时期的作品。”①这就承认了《周易大传》有一部分写作于秦汉以后。

因此，本书认为，对于《周易大传》在破除孔子作《十翼》的传统见解的同时，还应破除其是一个“整体”，产生于同一时期的观念。在内容上，《周易大传》既保存了远古以来传统的占筮巫术，又增添了战国至秦汉期间治《易》儒生有关宇宙人生的哲理；还加入了秦汉以后《易》学经师解《易》的新花样。它们基本上体现了儒家学派的思想，又渗入了道家的自然哲学和阴阳家的阴阳五行思想，有比较精深的哲理，但不是一个“整体”，而是新旧《易》说的缀合②。这里所说的“新旧易说的缀合”，主要是指《十翼》的内容驳杂，有的还相互龃龉，细细寻绎，便会发现它们由远古时代向战国秦汉演变的轨迹。兹举三例：

其一，关于八卦起源。同为《十翼》，《说卦》与《系辞》有不同说法；同为《系辞》，又有易卦源于河图说和易卦起于伏羲观象说的区

(接上页)流行。《庄子·则阳》假太公调之口，曾说：“天地者，形之大者也；阴阳者，气之大者也”；“阴阳相照，相益相治”；“雌雄片合，于是庸有。”据此，《荀子·礼论》中“天地合”，“阴阳接”的思想不能说只有《系辞》是其唯一的来源。

①张岱年《中国哲学史史料学》，三联书店 1982 年第 1 版，第 24 页。

②关于《周易大传》的内容、性质和著作年代，笔者曾参考顾颉刚、李镜池二位先生的提法，但不尽相同。读者可检阅《古史辨》(三)的有关文章。

别。今将三说比列，可以看出：《说卦》的“幽赞于神明”说比较原始，又经后人补充、发挥；《系辞》的伏羲观象说稍后；而《系辞》的易卦源于河图说则为汉人所附会。

先看《说卦》：

> 昔圣人之作易也，幽赞于神明而生蓍，参天两地而倚数，观变于阴阳而立卦，发挥于刚柔而生爻，和顺于道德而理于义，穷理尽性以至于命。

这段文字旨在说明《周易》的产生过程及其实质。我们可分三层理解。(一)“幽赞于神明而生蓍，参天两地而倚数”——这是说易卦起源于蓍数。本书第一章已经说过，数分奇(参)偶(两)是远古人们对数的简单划分，是易卦起源的观念基础。这两句虽是后人的追述，却反映了远古人们对八卦的认识。(二)“观变于阴阳而立卦，发挥于刚柔而生爻”——这是说由蓍数的变化而“立卦”、“生爻”。《周易古经》尚无阴阳观念。最初只是数分奇偶，即天之数(奇数)一、三、五、七、九，地之数(偶数)二、四、六、八、十。后来才称阴阳，有了老阴(六)、老阳(九)、少阴(八)、少阳(七)。这里阴阳与刚柔相对为文，其义相同。这两句当是战国时期，阴阳观念产生并进入《周易》之后对古代筮法的新概括。(三)“和顺于道德而理于义，穷理尽性以至于命”——这是说《周易》实质上是一部讲哲学的书。文中“道”“德”并称，“穷理”“尽性”对文。下文又说“立天之道曰阴与阳，立地之道曰柔与刚，立人之道曰仁与义”，作者企图以“天道”、“地道”、“人道”为骨架，以“道”、“德”、“穷理”、“尽性”、“阴阳”、“柔刚”、“仁义”为相互对立的范畴(虽然有些勉强)，建立起一个以筮书《周易》为形式，以天道人事为内容，以人事与天道一致为目的的性命之学的体系。毫无疑问,这是战国儒生借《周易》而发挥儒家哲理。由此可见,《说卦》篇首富有理论色彩的两章文字,可称“熔铸古今”。其中关于易卦源于蓍数的思想,则承袭着远古的数字观念。

我们再看《系辞》,对八卦起源却列出了相互不同的两种看法:

> 河出图,洛出书,圣人则之。(《系辞上》)
>
> 古者庖羲氏之王天下也,仰则观象于天,俯则观法于地,观鸟兽之文与地之宜,近取诸身,远取诸物,于是始作八卦。(《系辞下》)

案“河图”一词始见于《尚书·顾命》:“大玉,夷玉、天球、河图,在东侧。”《论语·子罕》:“子曰:凤鸟不至,河不出图,吾已矣夫。”《管子·小匡》:“昔人之受命者,龙龟假,河出图,洛出书,地出乘黄。今三祥未有见者。”是知,“河图”乃上古传说中圣王应运之瑞征①。故周成王即位盛典陈之东序,以示得天下之祥瑞。至春秋战国期间,仍以河图为祥瑞,并没有把河图同易卦起源联系起来。到了汉代的《尚书》伪孔传:“伏羲氏王天下,龙马出河,遂则其文,以画八卦,谓之河图。”又《汉书·五行志》:“刘歆以为,伏羲氏继天而王,受河图,则而画之,八卦是也。”它们才把河图与八卦联系起来。可见,八卦源于河图说,出于汉人刘歆之流对古代传说的附会。它反映了《系辞》混杂着新旧不同的易说。至于河图是否实有,非这里讨论的重点;宋人之《河图》,今人多指出其诬妄,无须申辩。

对《系辞》中“伏羲观象作卦”说,今世学者已指出其“作伪”或

---

①关于河图洛书,古今解说大多玄虚而不可置信。唯高亨释为:“河图是黄河之图,洛书是洛水之图,皆是古代地理书。”其说虽然未能得到实证,较之其他说法可信。

"窜入"。早在本世纪初，顾颉刚先生就以《论易系辞传中观象制器的故事》为题，重点考论了这一章。他指出，这一章来源于《淮南子》；写作于《说卦》之后，不得早于汉元帝；作者是西汉易学经师京房，或京房的后学；方法则借助于"互体"、"卦变"；目的意义是：(一)抬高《易》的地位，扩大《易》的效用；(二)拉拢神农、黄帝、尧舜入《易》的范围；(三)破坏"黄帝、颛顼、帝喾、尧、舜"旧"五帝说"，建立"伏羲、神农、黄帝、尧、舜"新"五帝说"①。金景芳先生也说："庖羲氏王天下作八卦这一段话，值得怀疑，很可能出于后人窜入，不是《系辞传》原文。"②我们不必拘泥于《系辞》为圣人所作的经典地位，一定视这段文字是后人"作伪"或"窜入"。《系辞》本来就是儒生们解《易》诸说的拼凑。在战国至秦汉期间，没有硬性规定什么人可以解释《周易》，什么人不可以解释《周易》。各种解《易》的言论和文字，都有存在的"资格"。这段表明对八卦起源看法的文字，自有"资格"被后人辑录于《系辞》中。我们重视的是，这段文字典型地体现了《周易大传》的非整体性。这段文字在八卦起源问题上与《说卦》相抵触，与《系辞上》的八卦起源于河图说相抵触自不待言；它同时还与《系辞上》的"易有太极，是生两仪，两仪生四象，四象生八卦"相抵触③。更为令人不解的是，"以通神明之德，以类万物之情"下文说的是伏羲等古圣王观卦象而制器物："盖取诸离"，"盖取诸益"……等等。这段文字的问题，一是对卦与物的关系的

---

①载《古史辨》(三)，上海古籍出版社 1982 年版，第 45—69 页。

②《周易全解》，吉林大学出版社 1989 年第 1 版，第 514 页。

③张岱年先生看到了这个问题。他的解释是："从自然发生顺序说，八卦先于四象；从人类的认识说，八卦基于观察。"(《论大传的著作年代与哲学思想》)笔者以为，"四象生八卦"是说乾坤等八经卦按照一分而二的方式，由四象两两派生而来的；而"八卦基于观察"则包涵着八卦对自然的摹拟的意义，它们是作为独立的卦出现的。二者仍有区别。

认识本末颠倒;因为事实上不是卦先于器,而是器先于卦。二是逻辑混乱,文义支离。上文说观物、取象、作卦,是总的看法;下文是观卦取象制器,作为具体例证。上下文自相龃龉。根据顾颉刚先生的推测,它是京房之流的经师(而且是浅学之辈)被“互体”、“卦变”等新花样搅昏了头脑,牵强附会已经成为习惯的结果。辑录者不审文义,照录不误,这倒不失为老实态度。它使我们在二千年后,看到了《系辞》的混杂情况,诚如欧阳修所说,是“繁衍丛脞之言”。

其二,关于卦爻辞的解释,同为《十翼》,《彖》、《文言》、《象》各不相同;同为《象》传,《大象》与《小象》也不相同。

《十翼》中《彖》传最早,已成公论。它解释卦辞,依据天道与人道相结合的理论,采用阴阳、刚柔、卦象、爻位等方法,解释卦义,发挥儒家思想,颇多精义。《大象》解卦,都直取卦象,阐释儒家的政治伦理哲学。《大象》有基本一致的体例。说卦象,依据天地山泽水火风雷八种自然物象及其在六十四卦中的位置和相互关系,从而指出卦名;讲哲理,则几乎全是发挥儒家经典《论语》、《孟子》、《大学》、《中庸》的道德训诫,其格式是“……君子以……”。关于《大象》的写作年代,李镜池、严灵峰都认为作于秦汉之间。简言之,他们的推论是这样的:秦皇焚书,百家之学遭到禁绝,而《易》以卜筮之书得以传授不绝。这正是秦王朝文化摧残政策的漏洞。于是儒生借用解《易》的方式,把儒家的政治思想、人生理论,夹带于解《易》的文字之中,以表示对秦朝政治措施和文化政策的对抗①。他们的推测符合当时的政治文化情势,是可信的。

---

①详见李镜池《周易探源》,中华书局 1978 年版,第 344—349 页;严灵峰《易经小象成立的年代及其内容》,文载《周易研究论文集》第一辑,北京师范大学出版社 1987 年版,第 348—365 页。

至于《小象》解释爻辞，多敷衍之词，尤多遗漏，为浅人所造，是显而易见的。其写作年代当早于《大象》。《小象》解释爻辞多用爻位。我以为《小象》的爻位说从“春秋易说”中衍化而来。“春秋易说”无论其解释卦爻辞还是讲卦象多利用汉语词汇的多义性牵强附会。正是这种附会隐伏着《小象》的爻位说。如：

《左传》昭公十二年：

> 南蒯之将叛也，枚筮之，遇《坤》䷁之《比》䷇，曰：“黄裳，元吉。”以为大吉也。

“黄裳，元吉”即《坤》六五爻辞。《左传》下文记载了子服惠伯的解释是：“黄，中之色也；裳，下之饰也；元，善之长也。……中美能黄，上美为元，下美则裳，参成可筮；犹有阙也，筮虽吉，未也。”子服惠伯解释中的“中”，前后词义不同。“中之色也”之“中”，指中衣（即衷衣、内衣）；“中美能黄”之“中”，与“上美为元”之“上”，“下美则裳”之“下”相对应，是中间之“中”。惠伯以“中美”释黄，成为《小象》的来源。《小象》释曰：“黄、裳、元、吉，文在中也。”对“文在中也”，读者可以有不同理解。一种如王夫之所说：“衣着于外，裳藏于内，故曰在中。”（《周易外传》）这是以“中”为内衣。另一种如朱熹的理解：“这是那居中处下之道。乾之九五，自是刚健的道理；坤之六五，自是柔顺的道理。”（《朱子语类》）这正是以爻位释爻辞。于是我们看到这样一个“逻辑”：黄为中和之色。裳为内衣，亦称中衣；“黄”与“裳”都与“中”有关，但涵义不同。子服惠伯利用“黄裳”一词附会出中和美德，以道德修养判断吉凶，仍不失为对待占筮巫术的理性态度。可是到了《小象》，“文在中也”，就是一个游移不定之辞。既可以理解为具体的内衣，又可以理解为抽象的居中处下之道。于是爻位说出现了，“五居君位，是臣之极贵者也”（《周易正义》）。这里的“中”指六五居上卦之中。由衣之“中”，经德之“中”，到爻位之“中”，这就是由“春秋易说”到爻位说的“逻辑”。

又《左传》昭公五年：

> 初，穆子之生也，庄叔以《周易》筮之，遇《明夷》䷣之《谦》䷎，以示卜楚丘，曰：“……明夷，日也。日之数十，故有十时，亦当十位，自王已下，其二为公，其三为卿。日上其中，食日为二，旦日为三。《明夷》之《谦》，明而为融，其当旦乎！……”

《明夷》之《谦》是《明夷》初九由阳爻变为阴爻。《明夷》初九爻辞为：“明夷于飞，垂其翼。君子于行，三日不食。有攸往，主人有言。”卜楚丘以卦象解释初九爻辞。《明夷》卦是离在坤下，离为日，坤为地。日在地下，有日将出于地中之象。古代计时，因旬有十日，故日分十时；所以说“日之数十，故有十时”。古代人分十等，于是把日之十时与人之十等牵强地对应起来；所以说“亦当十位”。接着，他说《明夷》卦象是“明而未融，其当旦乎”，正是指初九处下卦之下，所以说“旦日为三”。如以人事附会，犹如居于王、公之下的卿大夫。卜楚丘以日在天空中的高度和王、公、卿大夫的地位来解释初九爻辞。这就隐含着初九在下卦的位置，很自然地引申出爻位说。王弼注《易》虽力求尽扫象数，犹以爻位解说《明夷》初九：“初处卦之始，最远于难也。”由此可知，《小象》的爻位说承袭着春秋人解释《周易》的附会方法。和《大象》有统一的思想、一致的格式比较起来，《小象》的思想肤浅、文字粗陋，保存着前期解释《易》的痕迹。其产生年代应早于《大象》，和《彖》传接近。

《文言》只解释《乾》《坤》两卦。李镜池早已指出，《文言》与

《彖》《象》都是解经之作，但《彖》《象》解经兼解卦象，爻位，而《文言》则注重卦爻辞，且《乾》有四解，《坤》只一说。《乾》之四解，并不一致。第一解，参用《左传》穆姜解《随》卦之言；第二解、第三解模仿《小象》；第四解申述《彖》传思想①。他们绝非出于同一作者。

其三，关于卦象，同为《十翼》，《说卦》与《彖》《象》的解释各不相同，同是《说卦》前后也不一致。

《说卦》的后半部分专事解说八卦卦象。它说：乾为天，坤为地；"乾健也，坤顺也"；又说，"乾称乎父，坤称乎母……"这些基本卦象向来为解易者所遵从。它又说：乾为马，坤为牛……乾为首，坤为腹……甚至最后一章列出了一百多种卦象。五花八门，任意变化，眩人耳目，致使有人提出尖锐批评。卦象的多变，表现了《说卦》作者取象的随意性。任意取象是《周易》占筮巫术的需要。这是因为，《周易》要用卦象解释自然现象、人事生活，判断吉凶祸福，而自然和人事是无限广阔繁复的。因之，必须无限制地任意列举才能应付占筮吉凶的需要。取象的随意性，又反映了《周易》占筮巫术的本质属性。表面看来，《周易》对吉凶的预测，有卦象的依据，而实质上卦象是因解释者的主观需要编设的。不同的解《易》人员可以按照不同的需要任意编设。《说卦》中八卦的众多卦象就是这样产生的。

更应注意的是，《彖》、《象》解说《周易》时所用的卦象，与《说卦》有所不同。对此，高亨先生有精审的研究。这里录其《周易大传今注》中一段考论文字：

> 《彖传》、《象传》所用之引申卦象亦与《说卦》有所不同。

①详见《周易探源》，中华书局 1978 年版，第 316—319 页。

> 例如《彖传》以乾为朝廷，又以乾为君子，以坤为小人，以巽为命令，又以巽为巽（下巽字乃谦逊之义），以离为文明，以艮为贤人，以兑为庶民（详见通说《彖传》中之八卦卦象）。《象传》释乾为天而以天比朝廷，释震为雷而以雷比刑，释巽为风而以风比号令或德教，释坎为水而以水比群众或美德，又释坎为雨而以雨比恩泽，释艮为山而以山比贤人，释兑为泽而以泽比庶民。其所比者等于卦象也（详见通说《象传》中之八卦卦象）。《说卦》曰："坤为文，为众"，与《彖传》、《象传》不同。上举《彖传》、《象传》其它诸说皆为《说卦》所无。可见《彖传》《象传》所用卦象有与《说卦》不同者，有超乎《说卦》者。……《说卦》所记仅是一家之言，不可专信。①

这样看来，《周易大传》的七种十篇，其内容多相抵触，非一人一时之作，是可以断言的。它们不是一个整体，而是不同"易说"的缀合，因之才呈现出相当驳杂的面貌。然而，其驳杂自有其文化意义。它反映了围绕着《周易》这部古代筮书，自春秋战国至两汉中期人们的附会倾向和崇古心理。本来八卦与《河图》了然无涉；只是因为《河图》被传说神化为天赐瑞征，人们硬要把二者拉扯在一起；本来八卦产生于远古先民的蓍数，只是因为伏牺是传说中的古代圣王，人们硬要把八卦的发明权挂在他的名下；本来"互体"、"卦变"是西汉儒生解释《周易》的新花样，只是因为伏牺、神农等是远古传说中的圣王，人们也要把这些新花样与他们暗中联系起来。这一切附会表现着一个心理：古代的东西是神圣的，古代的帝王是睿智的；古者，人之所当尚之也。这种崇古的风尚，不始于《周易大

①《周易大传今注》，齐鲁书社1979年版，第638页。

传》，但以《周易大传》表现得最为显豁。

关于《周易大传》形成的时代，我们只能作如下宽泛的推论：它形成于战国至西汉中期。这样问题就更为突出了。战国时期本是思想解放的时代，西汉前期仍然沿袭着战国学术争鸣的余绪。然而，就在这思想激荡的时期，思想界学术界依然弥漫着崇古之风，儒家祖述尧舜；墨家追慕夏禹；道家远绍黄帝。各个学派都为自己的学说制造一个崇拜的偶像，编织一个传授系统。在这样的风气中，治《易》的儒生们抬出伏牺，招入神农，放在黄帝尧舜之上，于是《周易》的地位更加尊严；崇古的风气因之也更加弥漫。这就是《周易大传》缀合新旧易说给中华文化的“贡献”。

第二节　哲学与巫术的杂糅

关于《周易大传》，目前学术界通行的看法是，它以解释《周易古经》的形式，提出了宇宙人生的创造性见解，构成了一个宏阔的哲学体系，就思想而论达到了先秦哲学的最高水平。简而言之，其形式是占筮巫术，其内容是哲学。这一看法涉及到对《周易大传》的内容和形式的理解，涉及到《周易大传》的本质。本节试图通过对《周易大传》几个重要范畴的辨析，说明《周易大传》以解经的形式既阐释了哲理，又宣扬了巫术，尽管它提出了许多创见，表达了精湛的思想、建构了宏阔的体系，在本质上，《周易大传》是哲学与巫术的杂糅。

按照一般的理解，事物的内容是构成该事物诸要素的总和，而事物的形式即是这些要素的结构方式。内容和形式，并不是相互游离的，而是不可分割的内在的统一。世界上没有游离于形式的赤裸裸的内容，也没有空洞的毫无内容的抽象形式。准此，《周易大传》既然是以解释占筮之书《周易古经》为形式，它不可避免地要肯定着《周易古经》的占筮巫术。《彖》、《象》、《文言》中对《周易古经》中吉凶悔吝的说解，自不待言。就是《系辞》、《说卦》等脱离了具体经文的那些看来是“纯理论”的阐述也承袭着《周易古经》的神学巫术。如《系辞上》：“以卜筮者尚其占”；“是故君子居则观其象而玩其辞，动则观其变而玩其占，是以自天祐之，吉无不利”；“是故蓍之德圆而神”；“天生神物，圣人则之”等等。这些文辞把占筮视为通神的方式，把占筮用具（蓍草）奉为神物，把“天”“神”等尊为人的保护者，无疑是神学巫术的内容。

如果说上引《周易大传》的文辞，仅仅表现的是神学巫术的杂质，那么下面我们对几个重要范畴的分析，似乎可以说明，占筮巫术和哲学理论是怎样地糅合在一起，它们共同构成了《周易大传》的理论体系，共同表现着《周易大传》的本质。

一、天道、地道、人道。

应该承认《周易大传》的某些部分，如《象》传、《系辞》、《说卦》等确实企图建立一个包罗万象的哲学体系，这表明它的作者们力图对以往的哲学作进一步的总结。这个哲学体系把自然、社会、人事的规律概括为“天道”、“地道”、“人道”。

> 《易》之为书也，广大悉备，有天道焉，有人道焉，有地道焉。兼三才而两之，故六。六者非它也，三才之道也。（《系辞下》）
>
> 昔者圣人之作《易》也，将以顺性命之理，是以立天之道曰阴与阳，立地之道曰柔与刚，立人之道曰仁与义。兼三才而两之，故《易》六画而成卦。分阴分阳，迭用柔刚，故《易》六位而成章。（《说卦》）

这里的“天道”、“地道”、“人道”，并不是对自然、社会、人事的纯理论形式的概括，而是结合于《周易古经》的占筮形式之中，它们的直接内容是由六爻组成的卦及其变化。所谓“兼三才而两之”、“《易》六画而成卦”、“《易》六位而成章”，都是指《易》卦之六爻。《周易大传》对《易》卦作了新的富有哲理意义的解释。以三画卦（八经卦）言之，下爻代表地道，中爻代表人道，上爻代表天道；这叫做“兼三才”，即一卦之中包括了天道、地道、人道。如以六画卦（六十四别卦）言之，初、二代表地道，三、四代表人道，五、上代表天道。天、地、人三才均以卦之两爻代表，这叫做“两之”。于是《系辞》明确肯定：“六者非它也，三才之道也。”天道、地道、人道不是别的，就是《易》卦六爻的位置及其变化。可见《周易大传》中的“三才之道”，有双重内容，一指《易》卦六爻的变化；二指自然、社会、人事的规律，哲理和占筮巫术是糅合在一起的。

应该特别指出的是，《系辞》、《说卦》关于天道、地道、人道和《易卦》六爻的搭配对应在整个《周易大传》中并没有得到缜密的体现。以《谦》卦的《彖》、《象》为例，其与《系辞》、《说卦》互相龃龉之处是明显的。《谦》卦《彖》说：“天道下济而光明，地道卑而上行。天道亏盈而益谦，地道变盈而流谦，鬼神害盈而福谦，人道恶盈而好谦。”这是泛论天道、地道、人道，谦则亨通，不谦则不亨通；对其与六爻之对应关系，尚可不予深察。如果《周易大传》是一个整体，而《小象》释《谦》六爻爻辞，理应按照《系辞》、《说卦》提出的“三才”对应关系加以解说。初、二释地道之谦，三、四释人道之谦，五上释天道之谦。然而，我们看到的并非如此。初六《象》曰：“谦谦君子，卑以自牧也”，这里说的是人道之谦。六二《象》曰：“鸣谦贞吉，中心得也”，这是说，君子有名望而谦虚，心自得其正。如果说六二

《小象》是以爻位为据，六二居下卦之中，象人得中正之道；那么，可以证明初六《小象》就没有按爻位来解说爻辞（如按爻位则应释地道之谦）。可见，《系辞》、《说卦》之“三才之道”并不是《彖》、《象》据以解说《周易古经》的原则，它们并不是一个有严密逻辑关系的整体。

谈到《周易大传》的道，自然要探究《系辞》中所谓的“一阴一阳之谓道”。人们习惯于引用老子和庄子的话把“一阴一阳”解释为阴阳二气，并且认为这是对宇宙万物内在构成的分析①。其实，《系辞》中所谓阴阳，首先指的是卦之奇偶。《系辞下》云：

> 阳卦奇，阴卦偶，其德何也？阳一君而二民，君子之道也；阴一民而二君，小人之道也。

这是说：卦分阴阳，代表着君子之道和小人之道。足见所谓人道，以至天道、地道，不是游离于易卦而独立存在着的，也不只是借助卦爻的形式表现出来，而是因阴（爻）阳（爻）的不同组合而有所区别。这就是“一阴一阳之谓道”的本原含义。“一阴一阳之谓道”，有相互联系的两重含义。其一是，《易》卦之中的六爻及其变化。或者是阴爻变为阳爻，阳爻变为阴爻；或者是阴卦变为阳卦，阳卦变为阴卦。这就是《系辞》说的“刚柔相推而生变化”，“六爻之动，三极之道也”。其二是，客观事物的阴阳变化。冯友兰先生就曾说过：“《系辞》中有两套话。一套是说‘道’；另一套是说《易经》中的

---

①《老子》第四十二章：“道生一，一生二，二生三，三生万物。万物负阴而抱阳，冲气以为和。”《庄子·田子方》：“至阴肃肃，至阳赫赫。肃肃出乎天，赫赫发乎地，两者交通成和，而物生焉。”

‘象’，及其中所代表的范畴、公式，与道相准者。”①我们似乎可以进一步说，《系辞》中讲道的那些话有两重内容。首先是指《周易古经》中卦爻的变化，其次才是卦爻所代表的天道、地道、人道。由此说来，《易》卦六爻和“三才之道”的关系便不是通常所说的用以象征的占筮形式和所象征的哲理内容的关系。它们相互杂糅，以至融为一体，同属于内容范畴。

二、太极。

“太极”是《系辞》中的重要范畴：

> 《易》有太极，是生两仪，两仪生四象，四象生八卦。

这一段话，历来有不同的解释：（一）以郑玄、虞翻为代表的天地起源说；（二）以朱熹为代表的画卦说；（三）以李塨、胡渭为代表的揲蓍说；（四）以焦循为代表的大中说②。其中影响较大的是天地起源说和揲蓍说。郑玄释“太极”为“极中之道，淳和未分之气”；虞翻释“太极”为“太一”。按照这种解释，“太极”，是原始的统一体，是天地万物的本源，是一个具有本体意义的最高范畴。由于它的分化产生天地，再不断分化，产生了万物。准此理解，“太极生两仪，两仪生四象，四象生八卦”是一系列纯理论性的哲学命题，这对文中的“四象生八卦”无论如何是解释不通的。笔者认为，还是李塨、胡渭的揲蓍说符合原意。李塨著有《周易传注》，他根据唐崔憬的解释加以引申：“五十有一不用，太极也，不变者也；有太极之一，乃可用四十九策，分而为二，有奇有偶也。”这是以古代筮法来解释太

---

①《中国哲学史新编》（修订本）第二册，人民出版社 1984 年第 1 版，第 334—335 页。

②参见张岱年《论易大传的著作年代与哲学思想》，文载《中国哲学发微》，山西人民出版社 1981 年版，第 372—374 页。

极。按《系辞》的说法，“大衍之数五十，其用四十有九”。所谓太极即指五十根蓍草中不用之一。可是，《系辞下》又说：“分而为二以象两，揲之以四以象四时”，很明显，所谓“分而为二”，是分“其用四十有九”为二，而不是分不用之一为二。于是胡渭又提出新的解释，他在《易图明辨》中说：“所谓太极，一而已矣。命筮之初，奇偶未形，即是太极。”这是视“大衍之数五十”为太极。李塨、胡渭的解释虽有区别，但其总的倾向，以《周易》筮法加以解说则是一致的。这一解释的长处在于，把“太极”一词同《周易》切实地联系起来。因而下文“两仪”、“四象”、“八卦”，便得到了确切的一致的说明。所谓“两仪”即爻之阴阳（⚋、⚊）；所谓“四象”即⚌、⚍、⚎、⚏；所谓“八卦”即三画卦：☰、☷、☳、☴、☵、☲、☶、☱。就其象征意义而言，“两仪”象天地或阴阳二气；“四象”象四时。《周易》筮法和古代历法有密切关系。对此尚秉和的解释较为简明切合。他说：“四象即四时。春少阳，夏老阳，秋少阴，冬老阴也。老阳老阴即九六，少阳少阴即七八。故四象定而八卦生。”①这样，“太极”—“两仪”—“四象”—“八卦”既表达了相生之序，又象征着相生之物。应该说，李塨、胡渭对《系辞》中“易有太极”一段文字提供了比较完满的总体解释。

这样看来，《系辞》中“太极”、“两仪”、“四象”、“八卦”，本是《周易》筮法中的固有术语。由它们组成一个象征系统。就筮法术语而言，它们自有其巫术内容，我们不应忽视或掩饰。就其象征系统而言，它们象征着天地万物的起源。而前者是本原意义，后者是象征意义。严肃的态度是在象征意义上肯定郑玄、虞翻的天地起源说。

---

①《周易尚氏学》，中华书局 1980 年版，第 301 页。

三、天、神。

天和神同是《周易大传》中的重要概念。他们和天道、地道、人道、太极同样有着双重含义。《系辞》引述《周易古经》的《大有》上九爻辞"自天祐之，吉，无不利"，解释说："祐者，助也。天之所助者，顺也；人之所助者，信也。履信，思乎顺，又以尚贤也。是以'自天祐之，吉，无不利'。"按照尚秉和的解释，"《大有》六五承阳，五天位，承顺也，是天以顺祐上也。"①这里的天既指有人格的主宰神，又指《大有》六五爻位。仍然是同一套话含有双重内容。《系辞》说"天垂象，见吉凶，圣人象之"。这里的天，即使理解为自然之天，也反映出作者的神学唯心主义，因为把自然现象视为人事吉凶的征兆，明显地属于迷信观念。应该承认《周易大传》中多天地并称，天下连文，如《坤·文言》："天玄而地黄"；《系辞》："天尊地卑"，"在天成象，在地成形"，"以通天下之志，以定天下之业、以断天下之疑"；等等。这类"天"指广大天空，是一个表示自然界的概念。可是《系辞》的思想并不一致，又有天命连属的词句：

> 与天地相似故不违；知周乎万物而道济天下，故不过；旁行而不流，乐天知命，故不忧；安土敦乎仁，故能爱；范围天地之化而不过……

这里天的含义就显得模糊不清。天与地并称（"与天地相似"）则指自然之天；而天命连属（"乐天知命"）则又沿袭着传统的天命观念。总之，《周易大传》中天的含意，既保留了《周易》的占筮巫术中的神学观念，又增添了具有自然主义倾向的哲理内容。这表明《周易大

①《周易尚氏学》，中华书局 1980 年版，第 304 页。

传》并不是什么纯哲学著作。

《周易大传》明确肯定鬼神的存在。《乾·文言》说,大人"与鬼神合其吉凶";《谦·彖》说"鬼神害盈而福谦"。这是传统的鬼神观念。但《系辞》对鬼神又作了新的解释:"精气为物,游魂为变,是故知鬼神之情状。""精气"观念大约受战国时期稷下唯物派的影响。《管子·内业》说:"凡人之生也,天出其精,地出其形,合此以为人。"又说:"精也者,气之精者也。""精气为物"之"物"指人之形体。① "游魂为变"之"变"指人体变化。形体归于土,而"魂气则无不之"(《礼记·檀弓》)。据此可知,"精气为物"其言释神,"游魂为变"其言释鬼;因此下文说,"故知鬼神之情状"。这里的"神"直接指的是由精气构成的"人体",并由此推及精气构成万物的微妙作用。于是,许多论者以为这是《周易大传》中"神"的基本含义。其实,《系辞》说的很清楚:"知变化之道者,其知神之所为乎?"这并不是说:"变化之道"就是"神",而是"神之所为"。或者说,"变化之道"的主宰者才是神。因此,我们不能说"神"就是指客观事物的微妙变化。

在我看来,《周易大传》中"神"的概念有两项重要内涵:一是变化莫测,二是预知未来。前者如"阴阳不测之谓神",后者如"神以知来"。二者均指《周易》的占筮巫术。《系辞》说的"阴阳不测之谓神",首先指的是按照《周易》筮法揲蓍求卦过程中的变化莫测。因为揲蓍时,或得七、八,为少阳、少阴不变之爻;或得九、六,为老阳、老阴可变之爻,其结果是不可预测的。所以北宋哲学家张载解释此句说:"两在故不测。"此所谓"两在",是说揲蓍结果的两种可能出现的情况。这是说蓍之神妙莫测。由蓍而及爻,积爻而成卦,一

①中国古典文献中,"物"在很多语言环境中取"人"义,兹不赘举。

部《周易》是由三百六十四爻组成的。而爻，又是“变动不居”的。“爻者，言乎变者也”；“道有变动故曰爻”。《系辞》中这些话，反复说明爻是千变万化的。在《周易大传》的作者看来正因为爻的变化，才决定着《周易》这部筮书体现着世界的变化。所谓“神无方而易无体”，其根本意义是由蓍之莫测，爻之变化，而导致的《周易》的变化莫测，而不是什么抽象的神妙变化，也不是具体万物的变化。

《系辞》说的“神以知来”，其上下文是这样的：

> 是故蓍之德圆而神，卦之德方以知，六爻之义易以贡。圣人以此洗心退藏于密，吉凶与民同患。神以知来，知以藏往，其孰能与于此哉！古之聪明睿知神武而不杀者夫！

这里所谓的“蓍之德圆而神”，是指揲蓍过程或得阴爻，或得阳爻，流动圆转，变化莫测，已如上述。“卦之德方以知”，则指一卦之中爻分阴阳，卦有定体，虽有变化，乃是在已知的、一定的爻、卦引发下的变化。这时的变化有别于揲蓍时的变化，是相对的。所以韩康伯释为：“止而有为。”正是因为“卦之德方以知”，它以卦爻的形式储藏着以往揲蓍的结果，所以才说“知以藏往”。这里的“往”，是以往揲蓍的记录；而不是泛指以往的生活经验，至多应该说它曲折地储藏着以往的生活经验。我们重视的是“神以知来”。《系辞》作者以清晰的、毫不含混的语言肯定了《周易》具有通过占筮巫术预知未来的作用，并且认为它是“聪明睿知神武”、全知全能的“神”的创造。

这里不得不谈一个常识性的问题，即所谓预测问题。毫无疑问，人们生活于复杂的现实矛盾之中，必然希望掌握现实生活的发展规律以预知未来，趋吉避凶，这就要预测。但人类生活中有两种性质绝然不同的预测：一种是人们依据以往的生活经验和现实的各种条件预测未来，这是科学的预测，理性的预测。这里，“现实”是最为关键的概念。这是因为，人们要预测的是现实的发展趋向，而不是什么抽象的、玄虚的、脱离于现实的空洞的发展趋向。它只能在以往发生过的现实和正在运行中的现实中观察、分析、综合、抽取。另一种预测是神学的预测、诬妄的预测。它不是把预测建立在已经发生和正在进行的现实运动的基础上，而是凭借什么卦爻、手相、字迹之类的所谓符号来预测。《系辞》所肯定的“神以知来”，应该属于后一种预测，即神学的预测。我们这样说，决不是因为“神以知来”四字，而是因为它所说的神是“蓍之德”，是四十九根蓍草的人为排列。这种排列，并不储存任何现实的信息，不能反映以往的现实运动和正在进行的现实运动，更不能反映现实运动的规律和趋向。这种预测不是中华民族理性的表现，只能是原始蒙昧的反映或继续。

其实，《周易・蒙》卦辞：“初筮告，再三渎，渎则不告”，已经透露出这种预测的诬妄性和脆弱性。这段卦辞不外是说，利用《周易》占问吉凶，第一次占问，神告诉你；如果再三占问，就是亵渎神明，神就不告诉你了。我们知道，《周易》筮法是人为的巫术。只要占筮者主观要求，不嫌烦琐，即使占筮千次万次，总是有占问结果的。不过这些结果与初筮的结果不会相同罢了。预测多次便有多种前途，这样预测就毫无价值。如果说有价值，只是满足了人们的迷信心理。古人在揲蓍预测中发现了这个普遍的问题，又要维护揲蓍预测的“神的灵验”，只好说，“再三渎，渎则不告”，以掩饰其巫术的诬妄性质。这样，我们可以有理由地说，《周易》的预测未来虽然采用人为的方式，其本质仍是神学的预测，诬妄的预测；同样可以有理由地说，《系辞》所说的神，是“蓍之德”，是揲蓍以求爻卦而预测未来,而不是什么人生哲理。这就是《周易大传》中神的实质性内涵。

《周易大传》所以在“神”的概念上反复周折,既承袭着占筮巫术的神学观念,又赋予其新的含义,其目的在于“神道设教”,即所谓“圣人以神道设教而天下服矣”(《观·彖》)。不管《周易大传》的作者群的社会地位如何,这句话简明地揭示了他们最终的政治目的——统治人民。这里的“神道设教”却不是殷商西周乃至春秋时期的神学统治,而是经过了战国时期百家之学勃兴、流传,人的思想有了重大解放之后的新的神学统治术。因此,《周易大传》中“神”的概念并不简单地承袭了传统的人格神的意义,而是增添了新的物质性内涵(如“精气为物”)和变化性内涵(如“阴阳不测之谓神”)。它虽不再是传统神学粗鄙地命令人按照神的意志行事,而是要“知幽明之故”,“知死生之说”,以天道说明人事,甚至“仰观天文”,“俯察地理”,确实含有若干感性观察和理性认识的内容;但是,还是要按揲蓍的结果推测神意指导人事。在形式上,以人为的揲蓍取代了神,实质上,《周易大传》所肯定的“蓍之德”,同传统神学一样,仍然是“非人间的力量”。由此,我们说,“神道设教”其中也体现着《周易大传》理性认识和神学迷信相互杂糅的根本性质。

第三节 不同学理的融汇

本节讨论《周易大传》哲理内容的文化构成。

应该肯定,《周易大传》在内容上虽杂糅着巫术迷信思想,却包涵相当出色的哲理内容,这是几千年来人们重视、阐述、发挥《周易》经传的重要原因。虽说是《易》道广大,无所不包,然就其哲理内容来说,主要是儒家的政治伦理哲学,道家的自然哲学和阴阳家的阴阳思想，几乎融汇着春秋战国期间各重要学派的学术思想，体现了战国后期不同的文化学术流派从对立到融合的学术形势。

春秋战国期间，随着封建领主经济的解体，宗法制度的动摇，新的知识分子阶层——“士”的崛起，学术思想出现了诸子蜂起，学派林立，“道术将为天下裂”(《庄子·天下》)的局面。西汉时期的司马谈将这一时期的诸子学术概括为阴阳、儒、墨、名、法、道德六家。在学术领域里建树较丰，影响较广者，当数儒、道、法、阴阳四家。其中，儒家由孔子创立。战国时期，儒分为八，以孟荀两派为主要代表。它远绍原始氏族时代的人道遗风，近承西周宗法社会的血缘纽带，以仁为思想核心，以礼为行为规范，重实用事功，重道德修养，在动荡的时代谋求社会秩序的稳定。道家与儒家不同。它不是一个有明确传授系统、师承关系的学术流派，这个学派的代表人物首推春秋末期的老聃。因为他在中国文化史上最先提出了概括自然、社会总规律的“道”，认为“万物尊道而贵德”，其后杨朱、列子、庄子及其后学大体上遵循着老子开创的哲学路线阐述自己的思想，所以，司马谈以“道德”标明其学术宗旨。法家是战国时期代表新兴地主阶级的学术流派。它以严刑重法为治国原则，主张变法，加强君权；提倡耕战，富国强兵。它的前期代表人物是李悝、吴起、商鞅、慎到、申不害，后期由韩非集法术势三派之大成。阴阳家远有思想渊源，却是战国后期形成的。它的特点是“深观阴阳消息”(《史记·孟荀列传》)，代表者是邹衍。邹衍又倡“终始五德”之说，把阴阳和五行结合起来，解释宇宙万物的运行规律和社会历史的发展更迭。邹衍用阴阳五行表现宇宙万物的抽象属性，统观自然社会，反映了中华民族抽象思维能力的巨大进步，具有学术上的恢弘气魄。这四家各有独特的文化风格。大体说来，儒家体现着山东半岛的邹鲁文化；道家体现着长江中游的荆楚文化；法家则是三晋文化的理论代表，而阴阳家主要是齐燕文化的哲学概括。

春秋战国时期的诸子学术经历着由统一到分化再到统一的辩证过程。这个统一——分化——统一的过程，有两个层面的意义。从传统文化的总体上看，它是由春秋以前的学在官府的统一局面，经春秋末、战国前期分化为不同的诸子学术，再到战国后期不同学术的融合；从每个学派而言，也表现出程度不同的由分化到综合的规律性。战国前中期是“儒分为八”，“墨离为三”，道家有杨朱、列子、庄子的不同流派；法家则有法术势三派的区别。而至战国后期，儒家以荀卿为集大成；法家以韩非集大成；道家庄子的后学各有特点，却也互相融通。《周易大传》的基本部分形成于学术融合的战国晚期，尤为显著地体现着当时学术融合的客观形势。

近世学者已经指出，《周易大传》和儒、道、墨、法、阴阳各家有密切关系。在我看来，《周易大传》中固然可以看到“刑罚清而民服”（《豫·彖》），“明罚敕法”（《噬嗑·大象》），“裒多益寡、称物平施”（《谦·大象》），“尚贤”、“养贤”（《大畜·彖》）之类的文字，似乎来源于法学和墨家。但这些文字的思想，实际都是统摄在儒家的政治思想之中。孔子说过“导之以政，齐之以刑，民免而无耻”（《论语·为政》）；并且认为“刑罚不中，则民无所措手足”（《论语·子路》）；孟子反复强调，人君治国要“省刑罚”。可见儒家是在关心人民的前提下，肯定刑罚的。至于尚贤思想和平均观念本为儒家所有，诸如“尊贤使能”，“不患寡而患不均”更是常见于儒家经典。因此，它们不必挂在法家和墨家名下。基于此，笔者认为，《周易大传》的理论来源主要是儒家、道家和阴阳家。

《周易大传》的基本思想倾向属于儒家，它为偏重于政治伦理、道德训诫的儒家学派建立了具有抽象理论意义的哲学世界观，是学术界一致公认的。它的宇宙论还残存着天神观念；它的政治论推尊君权又以民为本；他的人生论重视个人的品德修养，提倡刚健自强的精神；以及它的由天道推论人事的思维方法都表明它的理论基本属于儒家学术体系。需要进一步究明的是，战国中后期在学术领域有儒家孟荀两派，《周易大传》究竟在理论上源于其中的哪一派，对此学术界的看法存在着分歧。郭沫若曾经指出，《荀子·大略》和《周易·彖传》“相类似是很明显的”；“《易传》显明地是把荀子的话更展开了。它把他的见解由君臣父子的人伦问题扩展到天地万物的宇宙观上去了”；“《系辞传》至少其中的一部分也明明受了荀子的影响”①。于是，《周易大传》理论上主要源于儒家的荀子之学便成为较为流行的看法。本章第一节已经谈到《荀子·大略》乃荀子后学杂纂而成，未可仅以孤证遽定其间的关系，此其一。其二，荀子思想的根本特色是其唯物主义自然观，他所谓的天，是自然之天，与人对立。而《系辞》说：“天地之大德曰生”，“天地细缊，万物化醇；男女构精，万物化生。”这所谓的“天”已不纯是与人对立的自然之天；它与人对立，又具有人的道德情感，与人合一。就《周易大传》中天的涵义而言，并非荀子本色。其三，《周易大传》非一人一时之作，各个部分却共同探讨着“性命”之学。如《彖》传：“乾道变化，各正性命”；《大象》：“正位凝命”；《文言》：“体仁足以长人，嘉会足以合礼，利物足以和义，贞固足以干事”；《系辞》：“继之者善也，成之者性也”；“旁行而不流，乐天知命故不忧”；《说卦》：“穷理尽性，以至于命。”大体说来，其基本倾向与儒家的思孟学派一致。侯外庐说：“总而言之，《易传》作者不只一人，也不是一时写成，故其中所代表的思想也不一致。其基本思想大抵和思孟学派——邹衍阴阳五行学派相符合，无疑地多半出于他们后学

①《青铜时代·周易之制作时代》，群艺出版社 1946 年版，第 78 页。

之手。如果说它与荀学有关，只有《彖传》还有点可说。”[①]这一看法符合《周易大传》的总体实际。

有的学者说，过去认为《易》老相通是极表面的看法。其实《老子》和《易传》在其根本点上是完全相反的。《老子》主静，《易传》主动。“《老子》认为静是第一位的，由静而动，动止复归于静。静是绝对的，动是相对的。《易传》认为动是第一位的，由动而静，虽静而动未尝停止。动是绝对的，静是相对的。这是《老子》和《易传》的根本不同。”[②]由此断定，《老子》和《易传》是两个对立的、相反的思想体系，因而否定《易》老相通。在我看来，说《周易大传》和《老子》是两个对立的，相反的思想体系，是符合实际的，因而是正确的；如果因此而否定《周易大传》和《老子》在思想理论上的联系就值得讨论。我以为，所谓“相通”，当然不是说二者直接的，绝对的同一，或者在根本性质上的一致；而是说两个不同的理论体系在运动中的联系，或者说它们之间存在着相互对立而又转化的关系，即相对的统一。用《系辞》的说法就是“推而行之谓之通”。“推而行之”就是转化。《易》老相通主要体现在，从理论发展的逻辑关系上看，老子之道是前期儒家孔子之道向后期儒家《周易大传》之道转变的中间环节。

为了说明这种转变（或者相通），我们只好对《周易大传》的道的形成过程作一番有重点的历史考察。《周易大传》基本上是战国后期儒生所作。我们还是从儒家创始人孔子说起。在《论语》中记录了孔子之道，其重要者有：

---

①《中国思想通史》，人民出版社 1957 年第 1 版，第 653—654 页。

②冯友兰《中国哲学史新编》第二册，人民出版社 1984 年第 2 版，第 349 页。

> 道不行，乘桴浮于海。(《公冶长》)
>
> 志于道，据于德，依于仁，游于艺。(《述而》)
>
> 君子学道则爱人；小人学道则易使。(《阳货》)
>
> 子谓子产有君子之道四焉：其行己也恭，其事上也敬，其养民也惠，其使民也义。(《公冶长》)

上引第一条指孔子的治国之道，即“为政以德”，“为国以礼”的政治主张。第二条言孔子人格理想。对其中的道，朱熹注曰：“道则人伦日用之间所当行者是也。”(《论语集注》)第三条中的道有两个方面：君子“爱人”的仁道；小人“易使”的顺道。第四条则指统治阶级的道德修养准则，恭敬惠义等。可见孔子之道并不具有概括宇宙普遍规律的一般意义，它只是用来标明社会生活中政治主张或道德准则的概念，属于社会政治和人伦道德的范畴。而《老子》书中的道却有另一番光景：

> 道者，万物之奥。(六十二章)
>
> 道生一，一生二，二生三，三生万物。(四十二章)
>
> 道可道，非常道。(一章)
>
> 道法自然。(二十五章)
>
> 反者道之动，弱者道之用。(四十章)
>
> 道冲，用之或不盈，渊兮似万物之宗。(四章)

不难看出，老子的道明显不同于孔子从社会政治生活中概括的人伦日用之道，而是宇宙本体及其规律的哲学抽象，具有最普遍最一般的意义。从时间上说，老子之道很可能略先于孔子之道；从理论发展的逻辑进程看，老子的概括一般的道恰是孔子人伦日用之道的否定，而这种否定包涵着肯定。孔老之道不同之处，正是它们“相通”之处。

这种“相通”同样也存在于老子之道和《周易大传》之道两者中间。《周易大传》的理论倾向属于儒家，又要突破儒家孔子人伦日用之道的局限，上升为概括一般的天地万物之道。在当时，只能借鉴于老子的道，以达到对天地万物最一般的抽象。《周易大传》的“一阴一阳之谓道”，可以说是对“反者道之动”的道的否定，但否定中有所肯定。它肯定了老子道中的循环往复的内容。在这个意义上，可以说老子的道是孔子人伦之道向《周易大传》之道过渡的中间环节。我以为，这是《易》老“相通”的第一层含义。

如果上述理解可以成立，那么老子主静与《周易大传》主动的对立，就无碍于《易》老相通。因为这所谓“相通”，既不是二者在理论倾向上的根本一致，也不是前者以后者的某些具体理论命题为其哲学思想的直接来源，而是《周易大传》对老子哲学的最高范畴——道进行着否定中的肯定，从而使老子之道中的部分内容向《易》道进行了辩证的转化。这种转化，除了上面谈到的循环论的倾向，还可以从主动与主静的关系中得到进一步理解。

以我看来，《周易大传》未必绝对主动。《系辞》反复强调：“乾坤其《易》之缊耶”；“一阴一阳之谓道”；“刚柔相推而生变化”。如果说，乾为阳，为刚、为健，主动；坤为阴，为柔、为顺，主静。那么《周易大传》从来不单提乾、阳，总是乾坤并提，阴阳合说。许多学者都认为“一阴一阳之谓道”以古代的语言表述了古人对矛盾关系的朴素理解。既然是矛盾关系，就有对立和统一，那么“一阴一阳之谓道”这一命题的涵义，并由此推及《周易大传》的理论倾向则应是，乾坤一体、阴阳合德、健顺相得、动静相生。基于此，《易》老相通的第二层意义是：《周易大传》借用了老子“柔弱胜刚强”、“静为躁君”(二十六章)贵柔主静的道,改造成为刚柔相济、动静趋时的道,从而建立了儒家的哲学世界观。

谈到《周易大传》和道家关系时,还应考察它和庄子后学的微妙关连。《庄子》外篇中有《天地》、《天道》、《天运》,杂篇中有《天下》。对这四篇的时代、内容、文风和学术倾向,古今学者评论不一①。以笔者看来,这四篇尽管内容驳杂,但有一个共同的根本倾向,即以天地为第一位的最高实体,而且是变化无常,创生万物:

> 天地虽大,其化钧也;万物虽多,其治一也;人卒虽众,其主君也。(《天地》)
>
> 夫天地者,古之所大也,而黄帝尧舜之所共美也。故古之王天下者,奚为战?天地而已矣。(《天道》)
>
> 天尊地卑,神明之位也。(《天道》)
>
> 天其运乎?地其处乎?日月其争于所乎?孰主张是?孰维纲是?孰居无事而推行是?意者其有机缄而不得已邪?意者其运转而不能自止邪?(《天运》)
>
> 吾又奏之以阴阳之和,烛之以日月之明;其声能短能长,能柔能刚,变化齐一,不主故常。(《天运》)
>
> 应之以人事,顺之以天理。(《天运》)
>
> 古之人其备乎!配神明,醇天地,育万物,和天下,泽及百姓。(《天下》)

上引《庄子》四篇的文字还表现了这样一些思想:(一)天地有尊卑定位,却又运行不止,变化无常。其所以“运转而不能自止”,是因

①参阅罗根泽《诸子考索》、关锋《庄子外杂篇初探》、张恒寿《庄子考论》。

为其运转的动力在其自身，没有外在的力量来“主张”它们，“维纲”它们，支配它们。（二）古代有德之君（如黄帝尧舜等），以天地为准①，顺天应人，泽及万物。主体的人获得了天地创育万物的功能。这可以说是庄子学派的天人合一思想。（三）以阴阳、刚柔、神明等矛盾对立的范畴来表述天道和人事的实质性内容。这些思想几乎与《系辞》的基本思想合若符节。只是还没有达到《周易大传》那样清晰，明确；还保持着庄子的学术立场和文风，往往以疑问、否定的语句提出问题，表述观点。

这里有必要再就“神明”的含义和用法，以进一步说明《庄子》四篇和《周易大传》，尤其是和《系辞》的联系和相通。可以看出，《庄子》四篇中的“神明”和《系辞》“阴阳合德，而刚柔有体，以体天地之撰，以通神明之德”中的“神明”，同一含义，同一用法。二者同以天、阳、刚、神为一方，以地、阴、柔、明为另一方；双方对立而又互相依存，构成了对立统一的关系。“神明”和“天地”、“阴阳”、“刚柔”同样，也是一组对立的概念，与“天地”同义。神即天神，明即地祇②。《天道》说：“天尊地卑，神明之位也。”天者神之位，地者明之位。恰与《系辞》“天尊地卑、乾坤定矣；卑高以陈，贵贱位矣”同一思想，同一表达。儒家的《系辞》和道家的《庄子》四篇在“神明”概念上的一致，正是它们相互渗透的表现。

然而，《周易大传》和《庄子》四篇毕竟分别属于儒道两个对立的学术流派。他们的作者在学术上有相通，也有对立；这种对立又从反面说明它们之间的相通。《庄子·天道》末章写了一个寓言故事：轮扁和桓公就圣人之书进行了一场辩论。寓意是：“世之所贵道者，书也；书不过语，语有贵也。语之所贵者，意也；意有所随。

①“醇天地”，即准天地。醇借为准。此采章炳麟说，见章著《庄子解故》。

②此采高亨先生说，详见《文史述林》，中华书局 1980 年版，第 460 页。

意之所随者，不可以言传也。”即所谓“书不尽言，言不尽意”。《系辞》的作者对此进行了反问：“书不尽言，言不尽意。然则圣人之意其不可见乎？”接着又作了回答：“圣人立象以尽意，设卦以尽情伪，系辞焉以尽其言，变而通之以尽利，鼓之舞之以尽神。”庄子后学继承了道家“大道不称”、“言不尽意”的深刻思想，启示了《系辞》作者提出“立象以尽意”这样一个富有中国文化特色的创造性命题。

从上述《周易大传》和庄子后学相通之处可以看出“阴阳”是其联结点。《庄子·天下》说：“《易》以道阴阳”，一语破的地说出《周易大传》哲理内容的本质特征。《易》之所以为《易》，就在于它的阴阳思想。

阴阳家在诸子中虽是后起的学术派别，却远有渊源。西周末年，周王朝史官伯阳父就用“阳伏而不能出，阴迫而不能烝”（《国语·周语上》，来解释地震的产生。这里的阴阳已超越了阴阳二字的本义（阳，指阳光；阴，没有阳光），具有抽象的意义，它们分别代表构成物质世界相互对立而又相互统一的两种“气”——阴气和阳气。春秋时期，人们怀疑天神的主宰作用，在物质世界内部寻求变化的原因，应用“阴阳”二气来解释自然现象的变异①。可见，阴阳观念是春秋时期反对宗天神学的思想潮流中的重要方面。春秋末期，阴阳观念被道家老子所吸纳，充实其以道为最高范畴的自然哲学。他说：“万物负阴而抱阳，冲气以为和。”（《老子·四十二章》）《说文》：“冲，涌摇也”，动荡之意。“冲气”犹言阴阳二气交相作用。全句是说，万物具有阴阳二气，阴阳二气交相作用，成为和气，客观世界在阴阳二气相互激荡中得到统一。阴阳观念，由于它提出了构成万物的最初的基本原质，接触到客观世界最根本的法则——

①读者可参阅《左传》僖公十六年叔兴语，襄公二十八年、昭公二十一年、昭公二十四年梓慎语。

对立统一，因而较为深刻地揭示了客观世界的内在本质，在当时的思想界产生着重要影响。道家的庄子学派就运用阴阳观念来说明天地生成的本原和人的情感变化①。可见，阴阳观念是当时一种具有生命力和渗透力的新思想。

这种新思想，在战国晚期的邹衍那里与五行思想相结合得到了发扬，形成了阴阳五行学说。邹子之学虽非显学，却有弘大的气魄。限于文献资料的不足，对邹衍的学说我们还不能统观全貌，只能得其仿佛。据《史记·孟荀列传》载：

> 邹衍睹有国者益淫侈，不能尚德，若《大雅》，整之于身，施及黎庶矣。乃深观阴阳消息，而作迂怪之变，《终始》、《大圣》之篇，十余万言。其语闳大不经，必先验小物，推而大之，至于无垠。先序今，以上至黄帝，学者所共术；大并世盛衰。因载其禨祥度制，推而远之，至天地未生，窈冥不可考而原也。先列中国名山大川、通谷禽兽，水土所植，物类所珍，因而推之，及海外，人之所不能睹。称引天地剖判以来，五德转移，治各有宜，而符应若兹。……

根据史迁的述评，我们大体了解其学术特征是：（一）理论核心是阴阳观念，视野广阔，"深观阴阳消息"，探究宇宙万物本原；（二）从自然史推论人类史，综合儒道，在天人合一思想的基础上，建立了五德终始的历史循环论；（三）其思维方法是类推，一为时间的纵向类推，上推至"天地未生"；一为空间的横向类推，"先验小物，推而大之，至于无垠"；（四）与迷信方术相结合，载其机祥度制。我们不能

---

①详见《庄子》《人间世》、《大宗师》、《在宥》、《天运》、《刻意》、《缮性》、《知北游》、《庚桑楚》、《则阳》等篇。

武断地认为邹衍的学说就是《周易大传》的理论来源，但应该承认二者基本上息息相通。这是战国晚期不同学术流派相互融汇的表现。

这种相通大约出于以下几个原因：（一）阴阳观念接触到事物内部的矛盾对立统一关系，有助于《周易大传》对天道人事的深入理解和阐释；（二）阴阳学说概括的自然史和人类史的“五德终始”循环模式，启发了《周易大传》对自然史和人类史探究的理论兴趣；（三）阴阳学说推原天地，穷究万物的宏大气魄适应于战国晚期政治和思想两个领域中统一融汇的客观形势；有助于《周易大传》建立融天道地道人道于一体的哲学世界观；（四）《周易古经》虽无阴阳观念，但其卦爻辞记录了许多具有矛盾关系的自然现象、社会生活和心理活动。如，天与地：“初登于天，后入于地”（《明夷·上六》）；平与陂：“无平不陂”（《泰·九三》）；君子与小人：“君子吉，小人否”（《遯·九四》）；进与退：“观我生，进退”（《观·六三》）；嗃嗃与嘻嘻：“家人嗃嗃……妇子嘻嘻”①（《家人·九三》）。我们还可以举出往与复，夫与妻，吉与凶等等。对这类具有矛盾关系的词句，最适于作出统一的理论上的解释是阴阳观念。尤其是⚋、⚊，产生于蓍数的奇偶；并且作为《周易》六十四卦最基本的符号，弥漫于全书，更适合于用阴阳观念给以解释，加以概括。这样，“阴阳”观念便成为《周易大传》的理论核心，从而使《周易大传》以奇特的风貌——理性与巫术的杂糅出现在中国文化的形成时期。

---

①高亨曰：“嗃借为嗷……家人嗷嗷者，众口愁哀之声也。”《周易古经今注》（重订本），中华书局1984年版，第268页。

下　编

上编我们从八卦的起源、《周易》的编辑经春秋时期的“易说”直到《周易大传》，对《周易》经传的主要内容及其独特的形式作了历史的考察，旨在揭示其巫术与哲学相交织，迷信与理性相杂糅的文化性质。下编我们将转换角度，就《周易》(包括“经”、“传”)这个长期积累形成、并随时代发展的复杂的文化存在，从中抽取几个与传统文化心理相关的命题，考察它们是否像时论所说的是传统文化的精华，从而评价其对传统文化的形成与发展所产生的复杂作用。

谈到《周易》与传统文化的关系，首先应该明确，本书所用的“文化”概念的内涵。对此，时下的文化人类学虽有多种定义，但大都认为文化是一个多层面的复合结构，把文化分解为：外层物质文化、中间制度文化和内核精神文化，而每一文化层构都蕴涵着民族的文化心理。这种理解已为大多数学人所认同。本编所讨论的《周易》(经传)中有关文化的命题——天道与人道，人文与化成，观象取类与相推，就是从文化的精神层面和文化心理的角度提出的。这是因为，它们是民族文化中最稳定的部分，最足代表民族文化的基本精神；同时还因为，它们是《周易》对先秦文化学术的继承和总结；是《周易》对民族文化的重要“贡献”——当然包涵着积极的贡献和消极的“贡献”；因而是《周易》对民族文化富有影响的几个关键所在。

下面，我们将依次讨论。

第四章　天道与人道

本章讨论《周易》中有关天道与人道的关系的思想，即所谓“天人合一”观念。这是《周易》，尤其是《周易大传》有特殊光彩的部分。当世学者多肯定“夫大人者与天地合其德”等一系列论述，称赞其是关于天人关系的全面观念。天人关系是中国传统文化最富民族特色的重大问题，很早就被古人注目，加以讨论，形成了“天人合一”与“天人相分”两种截然对立的思想传统。因此，评价《周易》的“天人合一”的观念，有必要对中国文化中的天人关系的思想清理其来龙去脉，以便把《周易》的“天人合一”观念置于天人关系思想的发展过程中，作出具体的、历史的评价。

第一节　天人合一与天人相分

天人关系（自然同人类的关系），是人类伊始在社会生活中经常感受到的基本问题。原始社会时期，人类刚刚从自然界分化出来，既在自然界中存在，又面临自然界的威胁。人们囿于改造自然界能力低下，不理解自然，只能凭借自身的感觉和幼稚的幻想去推测自然。于是出现了万物有灵论。原始人以为，日、月、风、雷、水、泽等每一自然物都由一个神灵来主宰着。中国原始神话和由神话土壤中孕育的祭神歌舞曲，如《楚辞·九歌》就是这种观念的表现。这种对神的崇拜，实际是自然崇拜。以后随着人们接触自然范围的扩大，认识自然需要的加强，又出现了统一主宰自然，主宰人类的至上神——天神观念。这种天神观念具有两重性：从天神是自然界的主宰来看，它表明人类畏惧自然，人类已经把自身同自然界分离开来，把自然界及其主宰——天神视为人类的异在。这是人类与自然漫长的艰苦抗争中获得的人与自然关系的认识上的重大突破，可说是"天人相分"思想的源头。从天神是人类的主宰来看，它表明，人类在现实生活中无力征服自然，不得不依附自然及其主宰——天神。这可以说是"天人合一"观念的滥觞。

到了奴隶制时代，奴隶主阶级为了维护其阶级统治，把天神作为本阶级意志的代表，于是，"天人合一"观念中注入了神学天命论，成为阶级统治的思想工具。这在现存的夏、商、周三代文献中有着明确的记录：

> 有扈氏威侮五行，怠弃三正，天用剿绝其命，今予恭行天之罚。(《尚书·甘誓》)
>
> 格尔众庶，悉听朕言，非台小子，敢行称乱。有夏多罪，天命殛之。(《尚书·汤誓》)
>
> 天生烝民，有物有则，民之秉彝，好是懿德。(《诗经·烝民》)

从《甘誓》和《汤誓》看出，夏商两代的统治者把自己的意志说成是对天的意志的服从，可以说是"天人合一"观念的萌芽；而《诗经·烝民》却认为人的懿德本于天赋，这可谓比较明确的“天人合一”思想了。我们还应看到，夏商周三代的天，失去了原始自然崇拜观念中的自然之天的涵义，已经转变为代表统治阶级意志的有人格的至上神，这就为古代“天人合一”观念埋下了神学唯心主义的种子，深远地影响着后世的思想文化。春秋末期，孔子虽然处于怀疑天命论的社会思潮之中，仍然不能摆脱“死生有命，富贵在天”（《论语·颜渊》）这一传统思想的牢笼。到了战国中期，孟子承袭着三代统治阶级的神学天命观，在论及帝位由传贤到传子的转变时，认为尧舜传位于贤和禹传位于子，都是禀承天神的意志：“天与之。”他说：“天与贤，则与贤；天与子，则与子。”（《孟子·万章上》）值得我们注意的是，孟子还对三代“天人合一”观念作了明显的修正：他极力称道《尚书·泰誓》“天视自我民视，天听自我民听”，把人的感知能力和天神相沟通；又强调人的思维能力禀受于天，说“心之官则思，思则得之，不思则不得也，此天之所与我者。”（《孟子·告子上》）他还指出：“尽其心者，知其性也；知其性，则知天矣。存其心，养其性，所以事天也。”（《孟子·尽心上》）孟子认为，人通过内省（尽心），充分发挥自身的主观精神（知性）可以达到对天的了解。这里的天已不再是有人格、有意志的至上神的概念，而是因人的主观精神的发扬（尽心知性）从而达到与绝对真理同一的理念境界。可以说，孟子在天的概念中输入了义理性内涵，使天具有“绝对理念”的意义。孟子“尽心—知性—知天”的“三段论”既是主体人对自身的主观精神的认识过程，又是人的主观精神自觉发扬过程，它属于神秘的主观唯心主义的先验论。

这样我们看到，先秦时期（《周易大传》以前）“天人合一”观念由原始自然崇拜的人与自然神的统一，转变为奴隶制时代的天命神学，再衍化为孟子的神秘的主观唯心主义先验论，从而形成了天人关系问题上的唯心主义传统。

更为有意义的是，先秦时期还存在着与“天人合一”相对立的“天人相分”的思想传统。“天人相分”的思想孕育于奴隶制初期夏代的天文学。现存的《夏小正》一书，当然不是夏代的著作，但学术界都认为它包含着夏代人们有关天象观测的知识。加之，商周的历法，以及二十四节气的区分，都表明夏商周三代，人们逐渐把自然天象视为人类的异己存在。正是在古代天文科学的启示下，春秋时期的一些有思想的贵族开始提出了“天人相分”的观念，据《左传》僖公十六年载：春天，宋国发生陨石雨和六鹢退飞的异常现象。宋襄公以为是吉凶的预兆并询问正在宋国行聘礼的周内史叔兴。叔兴的解释是：“是阴阳之事，非吉凶所生也。吉凶由人。”叔兴的理解，割断了旧观念中天神与人事之间虚幻的联系，力求按照自然和人事的本来面貌去认识它们。这应该说是“天人相分”思想萌芽。

又，《左传》昭公十七年载：郑国大夫裨灶观察天象，预言郑国将有火灾，建议郑国执政大夫子产用瓘斝玉瓒祭神，以禳除火灾。子产不听。次年，宋卫陈郑等国都发生火灾。裨灶等郑国贵族再次请求子产祭神禳除。子产的回答是：“天道远，人道迩，非所及也。”子产的话剔除了传统天命观中天的神学意义，认为火灾是自然现象，赋予天以物质自然的内涵；同时还把天道（自然现象）和人道（社会人事）区分开来。在中国文化史上，子产第一次运用明晰的具有哲学意义的语言，表达了“天人相分”的思想。

在天人关系上，道家的自然哲学表现出复杂的情况，具有特殊的意义。老子称：“道大，天大，地大，人亦大。域中有四大，而人居其一焉，人法地，地法天，天法道，道法自然。”（《老子·第二十五章》）这里的天，指自然界的广大天空，和地并称，居于道之下，不是老子哲学的最高范畴。它和人并列，同为“域中四大”之一。天、地同属自然界，成为与人并列的一方，天地人三者并列，实际上是人与天地（亦即自然界）的并列。据此，似乎可以看出老子思想中有“天人相分”的倾向。然而老子又主张“人法地，地法天，天法道，道法自然”①。人地天道四者次第相取法。人是经过“法地”、“法天”、“法道”进而效法自然的。尽管这里的“自然”是指宇宙万物的本然状态，而非指物质自然界，却又不可否认地含有物质自然的内容。人“法自然”，含有人应效法自然界及规律的意义。据此，我们可以说老子思想中又有天（自然）人（人事）合一的倾向。老子的“天人合一”倾向，与商周时期宗天神学的“天人合一”根本不同，它剔除了天的概念中的神学内涵，具有重大的反神学意义。

这种“天人合一”的倾向在庄子哲学那里呈现出更为复杂的面貌。和老子哲学相同，庄子哲学以道为最高的范畴，但天、道、自然，在多数情况下是同意语。如《秋水》：“牛马四足，是谓天；落（络）马首、穿牛鼻，是谓人。”这里的天，指宇宙万物的本然状态，亦即自然，自然也就是道。人，指人为；更为复杂的是，《庄子》书中的人多指世俗之人，有时又指得道之人，体道之人，如“天人”、“神人”、“至人”、“真人”。这就使得《庄子》书中有关天人关系的表述，很难分辨清晰。如《大宗师》说：“不以人助天”，这似乎主张天人对立；其实，这是说不需要用人为去促进自然衍化，因为人为会改变自然状态。否定人为，并不足以证明庄子主张天（自然）人（个体人）的对立。又如，《秋水》说：“无以人灭天”，这是要求放弃人为，顺应自然。从顺应自然以放弃人为作为必要条件来看，似乎是人与自然的对立。可是人为的放弃，却又导致了人与自然的同一。

---

①唐李约《道德新经新注》对这一节的断句是：“人法地地，法天天，法道道，法自然。”读法虽有不同，旨趣不异。

再如《齐物论》提出了“天籁”、“地籁”、“人籁”三个概念，表示三种不同的声音。“人籁”是人为吹奏乐器发出的声音；“地籁”是大地万窍怒号发出的声音；似乎“天籁”另有所指。而古今学者都认为，“天籁”并非“别有一物”（郭象注）；它不在“人籁”、“地籁”之外，就在“人籁”、“地籁”之中。由此看来，《大宗师》所说的“畸于人而侔于天”，《田子方》所说的“遗物离人而立于独”，《天下》所说的“以天为宗”，“独与天地精神往来而不傲睨于万物”，都在描述一种“真人”的境界。这种境界，否定了人为，否定了异化了的人，世俗的人，从而进入一种精神上的超越，达到更符合人的本性的境界。应该说这是庄子哲学的根本旨趣。庄子哲学虽然旨在为世人提供人生的良方妙道，要人们效法自然，皈依自然，但进入这种境界的人已经不是自然的附属物，而是自然之道的体现者。庄子笔下的“真人”、“至人”、“神人”、“天人”、“乘云气，御飞龙，而游乎四海之外”（《逍遥游》），“与万物为一”（《齐物论》），“游乎天地之一气”（《大宗师》），都极大突出了人的主体精神、生命意义和对绝对自由的追求，于是，庄子所谓的“入于寥天一”（《大宗师》）也就不是简单的“天人合一”，而具有高扬主体精神，肯定自由的文化意义。

荀子是中国文化史上以“明于天人之分”而称著的卓越思想家，他对天人关系提出了一系列的光辉思想。首先，针对商周以来的神学天命观，荀子明确指出，天不是有意志的神，而是有自身运行规律的自然界：“天行有常，不为尧存，不为桀亡，应之以治则吉，应之以乱则凶。强本而节用，则天不能贫；养备而动时，则天不能病；循道而不贰，则天不能祸；……本荒而用侈，则天不能使之富；养略而动罕，则天不能使之全；倍道而妄行，则天不能使之吉。……故明于天人之分，则可谓至人矣。”（《荀子·天论》）荀子强调，自然和人事各有自身的规律，它们两相分立，互不相涉。人类活动符合实际,则自然界的灾异不能给人类造成祸害;反之,人类活动违反实际,自然界也不能给人类带来福祐。简言之,社会的治乱,人生的祸福,与自然界(天)无关。这就在肯定自然规律的客观性的同时,把自然与人事区分开来。其次,荀子进一步指出,天与人相分而又相与,人与天的并立,不是向天争夺职能,而是利用自然,造福人类,从而提出了“制天命而用之”的光辉命题:“大天而思之,孰与物畜而制之!从天而颂之,孰与制天命而用之!望时而待之,孰与应时而使之!因物而多之,孰与骋能而化之!思物而物之,孰与理物而勿失之也!愿物之所以生,孰与有物之所以成!故错人而思天,则失万物之情!”(同上)荀子并没有机械地割断天与人、自然与人事的联系,认为人类具有认识自然,改造自然的能力,应该发挥主观能力,向自然索取,让自然为人类服务。这既不同于孟子的“天时不如地利,地利不如人和”的笼统认识,也不同于庄子的既向自然皈依,又在精神领域追求超越。荀子把儒家的强调人为和道家的重视自然结合起来,其主导思想是要求人们“应时”、“理物”、“制天”、“利人”,即按照自然规律办事,“制天命”以“应天时”为基础。这就是荀子关于天人关系的深刻认识。

先秦时期的思想家们,围绕天人关系,展开了广泛而深入的讨论,取得多方面的思想成果。或赋予天以客观自然界的物质意义,把天从神学中解放出来,在根本上否定了商周以来的神学天命观;或高扬人的主体精神,在“天人合一”的观念中,给“天”的概念输入了人的意志,人事的义理;或为了追求个体人的绝对自由,把“天”(自然界)视为人的主观精神驰骋的疆场和遨游的空间;或强调自然规律的客观性,明确提出“天人之分”,并在此基础上提出掌握自然,利用自然,造福人类的光辉思想。在天人关系上,他们分别攀上各自的高峰,取得了不同的思想成果,当然也存在各自的局限,这就给以讨论“天道”和“人道”为骨架的《周易大传》提出了更为艰巨的任务，它要求《周易大传》继承其成果，突破其局限，对“天道”和“人道”作出进一步的深刻论述。

这就是我们评论《周易》有关“天道”“人道”思想的起点。

第二节 《周易》的天道与人道

天道和人道及其关系，亦即天人关系，是贯通《周易》经传的基本问题。当然，对这个问题的自觉程度和思想倾向，经与传是有区别的。《周易大传》的作者们自觉地、分别地提出了与这个基本问题相关的概念或命题，如：

> 《易》之为书也，广大悉备，有天道焉，有人道焉，有地道焉。(《系辞下》)
>
> 昔者圣人之作《易》也，将以顺性命之理，是以立天之道曰阴与阳，立地之道曰柔与刚，立人之道曰仁与义。(《说卦》)

他们虽然明确提出天地人三才之道，如综合《周易大传》的各个部分来看，集中起来应是天道和人道。《系辞上》说：“是以明于天之道而察于民之故，是兴神物，以前民用。”“明于天之道”包涵着了解自然界规律；“察于民之故”就是认识社会人事规律。这里的“天之道”兼“天道”“地道”两项而言。《象》或天地连言，如《颐・象》：“天地养万物，圣人养贤以及万民。”上句言自然规律，即“天之道”；下句言社会生活，即“人之道”。或单言“天行”，如《剥・象》：“君子尚消息盈虚，天行也。”“天行”即“天之道”。《序卦》：“有天地然后有万物，有万物然后有男女，有男女然后有夫妇，有夫妇然后有父子，有父子然后有君臣，有君臣然后有上下，有上下然后礼义有所措。”这段文字中，“有男女”以前可以说是自然之道，即“天之道”，其后的夫妇、父子、君臣、上下，直至“礼义有所措”，可说是社会人生之道，即“人之道”。再如《象》的体例，据李镜池归纳，有两个公式：（一）卦象＋卦名＋卦义，如：“云雷，屯。君子以经纶。”（二）卦象和卦德＋卦义，如：“天行健。君子以自强不息。”①其中的卦象是由八经卦两两上下搭配而成，所讲的都是自然现象；卦义则是作者因这些自然现象的启示，在人事上的体会和发挥的义理。简言之，两式中无论哪一式，都先讲自然，然后就人事发表体会或议论。前者可谓之“天之道”，后者可谓之“人之道”。把上面的简要分析归结起来，可见天道和人道及其二者的关系，是《周易大传》各个组成部分的共同主题。

《周易大传》本是解经之作，它对天道、人道的阐发，在内容和形式上与《周易古经》均有密切关联。本节关于《周易》的天道与人道的具体讨论还是从经部开始。

目前有些治易学者根据《周易》六十四卦的卦画结构和排列次序来论析其天道和人道。笔者以为这样是不妥当的。因为卦画只是符号，而符号没有自明的意义，只有文字才表达出明确的意义。要确定卦画和六十四卦排列的意义，必须有文字根据。我们从《周易古经》的文字部分，即卦爻辞中找不到任何证据证明《系辞》、《说卦》所谓的天地人三才之道。《周易大传》的各个部分有关天道、人道的论述，只能视为《系辞》、《象》传、《象》传、《说卦》、《序卦》作者们的思想，不宜挂在《周易古经》名下。因此，我们只能依据卦爻辞

①李镜池《周易探源》，中华书局1978年版，第371页。

来考察《周易古经》中有关自然现象和人事活动及其相互关系的认识。

《周易古经》本是占筮之书，必然遵循由远古占筮到西周编辑成书时人们的宗教迷信观念。这可由《大有》上九爻辞“自天祐之，吉无不利”一句得到确证。这是对至上的天神的迷信。对此，本书第一章有较为明确的论述。同时，还应看到，《周易古经》中的卦爻辞还记录了周人在漫长的历史过程中，对日月雷雨等自然天象的观察、感受、警惧、猜度和认识：

> 日昃之离，不鼓缶而歌，则大耋之嗟，凶。（《离》九三爻辞）

离，借为螭，龙也，音转为霓[①]。这是说，日昃之时有虹霓出现。古人认为是凶兆。如不击缶而歌以解除之，则殃及耄耋老者。

> 月几望，马匹亡，无咎。（《中孚》六四爻辞）
> 月几望，君子征凶。（《小畜》上九爻辞）

月圆古人称之为“望”，“几望”接近月圆，这两则爻辞分别说，月将圆时，要丢失马匹；或君子不宜出行[②]。

> 震惊百里，不丧匕鬯。（《震》卦辞）
> 震来厉，亿丧贝。（《震》六二爻辞）

---

①详见高亨《周易大传今注》，齐鲁书社 1979 年版，第 283 页。

②案《帛书周易》“月几望”作“既望”。学者或读“几”为“既”，读作“几”或作“既”于文义有别。对我们要考察周人对天象的观察没有干碍。

震苏苏，震行无眚。（《震》六三爻辞）

震不于其躬，于其邻，无咎。（《震》上六爻辞）

震，雷也。整个《震》卦卦辞和六爻爻辞都记录了人们在雷声震动下的心理和行事。

密云不雨，自我西郊。（《小畜》卦辞）

既雨，既处，尚德载。（《小畜》上九爻辞）

卦辞记阴云密布的现象，爻辞记雨后尚得耕田①。

通过这些卦爻辞，我们看到周人对自然天象的关注；并在对自然天象观测基础上，概括出“天”的概念，如《乾》九五爻辞：“飞龙在天”；《姤》九五爻辞：“有陨自天”；《中孚》上九爻辞：“翰音登于天”；《明夷》上六爻辞：“初登于天，后入于地。”上述爻辞中“天”的概念，完全剔除了至上神的涵义，而是自然之天。它标志周人在认识上的巨大进步，这与《周易古经》编辑时期——西周末年对神学天命观的怀疑思潮是吻合的。

还应提及的是，上引《明夷》上六爻辞出现了“地”字，且与“天”相对为文。这在《周易》经文中虽只一见，却以“孤证”反映了当时的社会心理。我们从《泰》九五爻辞：“无平不陂，无往不复”，就可以看出当时周人对大地的观察是多么的细微。由此可见，《周易古经》既表现商周以来的宗天神学观念——这是主导的；又记录了周人对自然现象的观察和思索。

至于“人”，在《周易古经》中大多冠以限制词，如“丈人”

①此从闻一多说，详《古典新义》，上海古籍出版社2013年版。

(《师》),“邑人”(《比》、《无妄》),“幽人”(《履》、《归妹》),“武人”(《履》、《巽》),“宫人”(《剥》),“行人”(《无妄》),“妇人”(《恒》),“主人”(《明夷》),“恶人”(《睽》),“旅人”(《旅》),等等。此外还有“大人”、“小人”;和“小人”相对,涵义与“大人”相近的还有“君子”。其中,“小人”属被统治的平民。这可由《大有》九三爻辞中“小人”与“公”相对,《既济》九三爻辞中“小人”与“高宗”相对①,得到确证。据此推知,“大人”、“君子”当是统治者,在经文中,二者涵义微有区别。“大人”重在地位;“君子”重在道德和智慧。观“利见大人”和“君子终日乾乾”(《乾》九三爻辞),“君子几,不如舍”(《屯》六三爻辞),“谦谦君子”(《谦》初六爻辞)可知。

综上所述,关于《周易古经》的天人观念我们可以得出以下三点认识:

(一)作为占筮之书,《周易古经》的根本观念是神学天命观。尽管卦爻辞中作为至上神的“天”的概念很少;但《周易古经》的性质和作用是筮以前知,指示人趋吉避凶,这就决定书中的天人关系是天神支配人类的神学关系,这是一种在天神迷信前提下的幻想关系。它是远古蒙昧的遗存,又是《周易大传》神学杂质的直接来源。

(二)卦爻辞中记录了人们对天、地、日、月、雷、雨等自然物象的观察和思考,表现了《周易古经》天人关系的另外一面——自然和人类的实在关系。这是以人作为认识的主体,以自然为认识对象的认识关系。根据卦爻辞,人们对于自然的认识,基本上限于感受、警惧,甚至是崇拜,但它有别于上述的神学观念,具有新的萌芽的意义。它反映了西周以来,人们从神学迷信到理性认识的艰苦

①《大有》九三爻辞:“公用享于天子,小人弗克。”《既济》九三爻辞:“高宗伐鬼方,三年克之,小人勿用。”

历程。

（三）卦爻辞中的“人”，包括现实生活中各类具体的人，有大人，小人，君子，妇人，幽人，武人，等等。他们地位不同，处境各异，智慧和修养也有差别；但一般来说，在《周易古经》的体系内，主体人不是要认识物质自然界，而是要服从占筮结果的指示。这就歪曲了人与自然的关系，这正是《周易大传》在“天人关系”上陷于矛盾境地的直接根源。

我们在第三章曾指出过，《周易大传》的各个部分，产生并非同时，作者本非一人，在思想内容上多相龃龉；可是在天人关系上的思想却基本一致（这正是古今学者视《周易大传》为一个整体的重要原因）。其共同倾向就是所谓的“天人合一”。“天人合一”这一命题，虽然晚出自北宋理学家张载的《正蒙》①。但思想却早在春秋战国期间已肇其端倪。对此本章第一节已有述及。“天人合一”是中国古代对于“天人关系”问题的一种思想倾向，就“天人关系”的内容而言，它包涵两个方面，一指人与神的关系，一指人与自然的关系。准此，“天人合一”也包涵两个方面，一是人与神的“合一”；二是人与自然的“合一”，这实质是主体（人）与客体（自然）的关系。“神”最初是远古蒙昧时期自然崇拜的产物，后来成为主宰自然和人类的至上权威，它实在是与主体人相对的客体。“合一”，即“同一”、“统一”，它指主体与客体各自在属性、规律上的一致和主体对客体的谐调态度。上文我们简略考察过先秦文化史上“天人合一”思想传统包涵的两方面内容：人与神的合一和人与自然的合一。我们又知道，《周易大传》是有关《周易古经》的不同解说的缀合，而《周易古经》又是一部以神学世界观为根本思想的占筮之书。这就

①《正蒙·乾称》：“儒者则因明致诚，因诚致明，故天人合一，致学而可以成圣，得天而未始遗人。”

提醒我们，在考察《周易大传》的“天人合一”思想时，不要仅仅是欣赏、赞美那些表达了人与自然合一的言辞和思想；更要注意发掘在那些表达人与自然合一的言辞后面隐藏着人与神合一的实质性内涵，这是本书讨论与评价《周易大传》“天人合一”思想的重点。

《周易大传》有比较明确、比较深刻，又比较复杂的人与自然相统一的思想。它表现为以下几个命题：

其一，人是自然的产物。《序卦》说：“有天地然后有万物焉。盈天地之间者唯万物。”又说：“有天地然后有万物，有万物然后有男女，有男女然后有夫妇，有夫妇然后有父子，有父子然后有君臣，有君臣然后有上下，有上下然后礼义有所措。”在《序卦》的作者看来，天地是万物的根本，万物是由天地产生的，万物包括人类，人类的男女正是天地产生万物之后，依次衍生的结果。《系辞下》说：“天地絪缊，万物化醇；男女构精，万物化生。”这里的“天地”，指阴阳二气；“男女”，泛指有生物的雌雄牝牡，实亦指阴阳二气。这就揭示了天地产生万物以至人类的根源乃是阴阳二气的交感。这种说法，虽然还嫌笼统，却吸收了先秦时期关于万物起源问题的唯物主义成果，用以说明人类是自然的产物，基本是正确的。

其二，社会人事要效法自然规律。这一思想，在《彖》传中表现得比较集中。

> 日中则昃，月盈则食。天地盈虚，与时消息，而况于人乎！况于鬼神乎！（《丰·彖》）

日月盈昃，天地盈虚，这是说自然界在不断变化。《彖》传由自然界的变化，推到人事的变化。文中的“鬼”、“神”，指产生万物的元气的两种状态。气之伸，谓之“神”，产生万物，即《系辞》说的“精气为物”；气之归，谓之“鬼”，由有形归为无形，即《系辞》说的“游魂为变”。

> 天地以顺动，故日月不过而四时不忒；圣人以顺动，则刑罚清而民服。（《豫·彖》）

“以顺动”，按照自身规律运动。“天地以顺动”即天地按照规律运动。所以日升月落，四时更迭，动有常则。由此推及人事，有德之君（圣人）也要按照人事规律治理国家，刑罚清明，百姓悦服。这里说的不是人事上的那些具体措施效法自然规律；而是说，按照规律办事的总的原则，受到自然界“天地以顺动”的启发。

> 天地感而万物化生，圣人感人心而天下和平。（《咸·彖》）
>
> 天地养万物，圣人养贤以及万民。（《颐·彖》）
>
> 天地节而四时成。节以制度，不伤财，不害民。（《节·彖》）
>
> 天地之道，恒久而不已也……。圣人久于其道而天下化成。（《恒·彖》）

这四则《彖》辞，讲治国明君直接按照自然法则指导社会政治生活。这是因为，自然界中阴阳二气上下交感万物繁衍；圣人治国也要体察民心，使下情上达。天地有仁慈的胸怀，宽厚的美德，以养育万物；圣人治国要体仁尚慈，颐养贤者以及万民。自然界的运行有节制，表现出阶段性；社会生活中必须有制度，加以制衡，在经济生活中不能有害社会生产和人民生活。自然界的规律是恒久不变的；在社会生活中，圣人要坚持符合民情的制度，措施，则天下大治。总之，《彖》传的思想是，人事生活中的一切规律都可以在自然界中找到依据。

上述两项，涉及到一个共同问题，即人类和自然界是否是统一的。对此，恩格斯曾经作过论断："人们会重新地不仅感觉到，而且也认识到自身和自然界的一致，而那种把精神和物质、人类和自然、灵魂和肉体对立起来的荒谬的反自然的观点，也就愈不可能存在了。"①这段文字，精辟地揭示了人类和自然的一致性。人是从自然的进化中起源的。人类出现之后，以自然界为生存的基本条件，并在自然中生存、繁衍、发展。正是因为人类集中了自然界的精华，才成为万物之灵。人与自然的区别，正是基于人类与自然的一致，因此，人类的活动必然遵循自然界的基本规律，在这个意义上，《周易大传》的上述两个命题所表达的"天人合一"思想，基本是正确的。《周易大传》对人类与自然的统一性的认识，当然具有中国古代认识上的历史特点，囿于经验直观，由天道而推及人道，还不是科学的分析和概括。应该承认，在两千多年前有这种体悟，是十分可贵的。

其三，人的道德修养源于自然的某些属性。这在《周易大传》中的各个部分有普遍的体现。《系辞》说："尺蠖之屈，以求伸也；龙蛇之蛰，以存身也。精义入神，以致用也。利用安身，以崇德也。"这是说人的立身处世要从自然物中得启发，尺蠖以屈求伸，是"利用"；龙蛇蛰而复苏，是"安身"。人类在效法自然物的过程中，经过意志的磨炼，达到"精义入神"的境界，可以提高其道德修养。《彖》传结合天道人道来解说卦辞，也涉及到人的品德和自然的联系。《谦・彖》说："天道下济而光明，地道卑而上行，天道亏盈而益谦，地道变盈而流谦，鬼神害盈而福谦，人道恶盈而好谦，谦尊而光，卑不可逾，君子之终也。"大意是说，天居上而济下，地处下而上行，它们都有亏盈实虚的谦虚品德。君子效法天道，居高位则充分显示

①《自然辩证法》，见《马克思恩格斯选集》第3卷，人民出版社1972年版，第518页。

出道德的光辉；效法地道，处下位的人也难于逾越。《系辞》和《象》传都把人的道德和自然物的某些属性联系起来。

以自然物的属性解释人的道德修养，是《周易大传》以天道说人事的重要方面，这在《象》传中表现得比较突出。《象》传分《大象》和《小象》。《小象》释爻辞，为浅人所作，多敷衍之辞，无义例可寻，置而不论。《大象》释卦辞，以卦象为说。所谓以卦象释卦辞，即把周易中的六十四卦，视为☰、☷、☳、☶、☵、☲、☶、☱八个经卦两两分别组合的结果，并且认为八经卦分别代表天地雷山火水泽风八种自然物。它们的组合可分两类，一类是经过组合直接象征某种实在的自然物的属性，如《乾》为天，《坤》为地等；一类是经过组合显示自然物之间的某种关系，如《睽》䷥，上火下泽，火炎上，泽润下，表示二者乖离的关系。在《大象》的作者看来，这两类都是通过卦象表示一定意义，可资人类效法。后一类表示自然物之间的某种情状，主要启示人们在社会生活中遇到这种情况，应如何对待，即人道要合于天道。这在上文第二个命题中谈过，这里重点是讨论前一类，即自然物具有人类应当效法的某些属性。

我们先看《乾》、《坤》两卦的《大象》：

> 天行健。君子以自强不息。
> 地势坤。君子以厚德载物。

天体的特征是运行不止，具有刚健的品德；君子应以天为法，培养刚健自强的品德。大地的特点是顺承天道，具有宽厚的品德①；君

①案《说卦》："坤，顺也。""地势坤"，犹言"地势顺"。《周易集解》引宋衷曰："地有上下九等之差，故以地势言其性也。"《周易王弼注》"地形不顺，其势顺"。"地势顺"指大地由西向东依次而低。《大象》以为，大地柔顺，故包容万物。

子又应以地为法，培养宽厚柔顺的品德。《大象》释《乾》《坤》两卦的基本思路是：人的道德品质来源于自然界的某些属性，于是，先概括《乾》《坤》两卦所象征的天地的本质特征，然后启示"君子"效法天地，培养刚健或宽顺品德。我们再看《坎》《艮》两卦的《大象》：

> 水洊至，习坎。君子以常德行，习教事。
>
> 兼山，艮。君子以思不出其位。

所谓"水洊至"，即水不断流淌，犹如孟子说的："原泉混混，不舍昼夜，盈科而后进，放乎四海，有本者如是。"（《孟子·离娄下》）所谓"常德行，习教事"，犹言长久保持自己的美德，经常练习政教之事①。"常"和"习"义在恒常不断。"兼山"，言两山相重，有上抑下之意。"思不出其位"，即止于其分，犹如庄子说的："庖人虽不治庖，尸祝不越樽俎而代之。"（《庄子·逍遥游》）又《大象》释《晋》卦云：

> 明出地上，晋。君子以自昭明德。

《晋》卦，离上坤下。离为日，坤为地，日出地上，进于天空，光照大地。君子法之，不断修养，以使自己的美德彰明昭著。再如《大象》释《咸》、《恒》、《遯》、《升》等卦，和《坎》、《艮》、《晋》等卦相同，与释《乾》《坤》两卦微有区别。不是直接摄取天体和大地的基本特征，而是从自然物的某种情状和两个自然物某种关系中抽象出一定意义，作为"君子"品德修养的客观（自然）依据。这实质上是把社会的道德原则单纯地归结为自然规律，仍然是强调人的某些属性有

①"习"，即《论语·学而》"传不习乎"之"习"。朱熹注："习，鸟数飞也。"此"习"取经常练习之意。

与自然界同一内容。

人的品德来源于自然规律的思想在《说卦》中有更加自觉，更加明确的表述：

> 昔者圣人之作《易》也，将以顺性命之理，是以立天之道曰阴与阳，立地之道曰柔与刚，立人之道曰仁与义。

这段文字阐释天道和人性之间的统一关系。这种统一关系可以从与《说卦》思想一致的《中庸》的“天命之谓性，率性之谓道”两句得到理解。天地之道统称天道，即自然之道，具有客观规律意义，是“莫之为而为”，“莫之致而致”[①]者，故又称“天命”。这与神学天命观根本不同。人道，即天之所以在人者，具有主观性质，又称人性。《说卦》提出天地人“三才”，并以“阴阳”、“柔刚”、“仁义”，说明三才有共同的属性，只是由于所在不同，其名故异。“人之道”，人性的仁义，正是天地之道，阴阳、柔刚在人身上的体现。

问题在于，天道（自然规律）和人性（道德修养、道德原则）之间究竟是怎样的关系。为了理解这个问题，还要从人和自然的关系说起。人固然是自然界的一部分，但人是自然界中极为特殊的一部分；人固然是自然的产物，但人是自然界最高产物。人与其他自然物的不同就在于有意识，人与人之间结成一定的社会关系并在其中从事劳动，简言之，就是人有理性，有道德。人的道德属于意识范畴，它是人类文化心理长期积淀的结果。社会的道德原则是历史现象，它是依据一定的社会关系而人为规定的。道德品质，道德原则是社会历史的产物，它有自身的来源和特殊的规律。它应

①语出《孟子·尽心上》。

区别于自然界的普遍规律。《周易大传》把人的道德修养，社会的道德原则单纯归结为人对自然的效法，是片面的，因而是错误的。

当然，人性有自然属性的一面，人的道德修养与自然物的某些属性有相通的一面，社会道德原则与自然规律有统一的一面，但那不是本质，不是人之所以为人者。《周易大传》的作者们正是片面地扩大了人与自然相统一的一面，才把人的道德来源简单地归结为自然。这似乎是远古蒙昧的“万物有灵论”在文明时代的遗存。原始人不理解威胁他们、支配他们的自然力，“凭着自己的感受去想象自然物，认为他们也同人一样有思想、意志和感情，也有各自的灵魂存在。这种灵魂支配着自然物的运动，这便是万物有灵论”①。《周易大传》关于人的道德修养的解释，当然不同于原始人的“万物有灵论”，但其思想方法却是相同的，都是把自然物同人类自身相类推。原始人的类推是从人类自身推及到自然物，以自己有灵外推万物有灵；《周易大传》的类推是从自然物内推自身，以自然物的属性作为人类道德依据。类推的路线虽然不同，作为类推的方法却是完全相同的。由此可见，《周易大传》有关人的道德与天道统一的思想，就不是对道德作简单的片面的认识，而是裹挟着原始人“万物有灵论”的迷信观念。

其四，人生的理想境界是与自然相和谐。人对自然采取什么态度，在《周易大传》之前大体有两种对立的意见。一为庄子的“侔天”说，主张绝对地顺应自然；二为荀子“制天”说，虽不绝对地割断人与自然的联系，其基本倾向是征服自然。《周易大传》以阐释天人关系为主题，吸取前人和同代学者的思想成果，作出了别具特色的论述。《乾·文言》说：

①任继愈《中国哲学发展史》先秦卷，人民出版社 1983 年版，第 51 页。

夫大人者，与天地合其德，与日月合其明，与四时合其序，与鬼神合其吉凶。先天而天弗违，后天而奉天时。天且弗违，而况于人乎！而况于鬼神乎！

在《文言》作者看来，“大人”当“九五”君位，有天地之品德。他的思想行为符合自然规律，像天地那样生养万物，像日月那样普照天下；符合阴阳四时的节序，符合鬼神福善祸恶的原则。他的行事有时在“天”之前，引导自然按照自己的预期目的去发展；有时在“天”之后，严格地按照客观自然规律办事。这是说，“大人”禀有与自然相通的“天德”，因此，一切行事无不符合自然规律。

又《大象》释《泰》卦辞：“天地交，泰，后以财成天地之道，辅相天地之宜，以左右民。”《泰》卦䷊，下乾☰上坤☷。《大象》的作者认为乾为天，坤为地。《泰》卦下乾上坤，恰是天地交融之象，天地交则万物通，故曰泰。后，国君。“财”，荀爽注本作“裁”。“财成”，即“裁度以成之”。天有天之道，指四时变化的规律；地有地之道，指生长万物的规律。天有天之宜，指雨露风霜宜至之时；地有地之宜，指山川原隰宜产之物。《大象》之意是，一国之君用行政教化，裁度自然规律，辅助天地之所宜，支配人民的生产和生活。

《周易大传》讲到人对自然的态度时，提出了“先天”、“后天”、“裁成”、“辅相”等思想，这就不同于庄子的“侔天”说，也不同于荀子强调人为，征服自然的态度。它主张既不屈服于自然，又不破坏自然，既尊重自然规律，又强调发挥人的主观能动精神，调整自然现象，使之符合人类的利益，以求在现实中达到与自然谐调一致的理想境界。这种认识，和庄子、荀子比较起来，确实是一种全面的观点。

庄子“畸于人而侔于天”的“人”，是得道之人，体道之人；并非现实中的人，是人在精神上的超越和升华，其本质是观念中的人，理想中的人。庄子的“侔天”，不是现实中的“天人合一”。荀子“制天命而用之”的人，是现实中的人，主要指“君子”、“圣人”，亦即有德在位的统治者。因此，荀子“制天命”不包含一般的平民。《周易大传》避免庄子精神哲学的弊病，吸收荀子的思想，把“人”理解为现实生活中的，“裁成”、“辅相”天地之道的人。但和荀子同样，也把与天地合德的理想境界仅局限于“左右民”的统治者。这就局限了“天人合一”的理论意义。

我们对《周易大传》的“天人合一”思想，就上述四个命题分别考察之后，还有必要就《周易大传》的这一思想，从总体上再作进一步评述。《周易大传》是解释《周易古经》之作。它认为《周易古经》是一个无思无为的至神之“物”。其根本特点是“藏往知来”①，就“藏往”而言，它以特殊的形式体现着宇宙万物的根本道理，即所谓的“广大悉备”，“弥纶天地之道”；就“知来”而言，它以占筮的方式揭示人事的吉凶祸福，即所谓“极深研几”、“预知幽明之故”。《周易大传》对《周易古经》这样一个根本性认识，恰恰关涉到天人关系，这就不能不为其“天人合一”思想带来复杂的内容。

天人关系，包括人与神，人与自然的关系，说到底是主体与客体的关系。诚如有的治易学者所说：“《周易》这部书与其他书有一个明显而且突出的不同，它本身是认识主体与客体的一个中介，它一边联系着客体，是客体的摹本，如《系辞传上》说‘《易》与天地准，故能弥纶天地之道’，‘夫《易》开物成务，冒天下之道’，‘是以明于天之道而察于民之故’，都指明《易》是认识对象的反映；它一边又联系着认识主体，是主体赖以认识客体的手段，如《系辞传上》说，

①以下引文均见《系辞》，兹不一一标注。

'夫《易》，圣人之所以极深而研几也，唯深也故能通天下之志，唯几也故能成天下之务。'"①可见，《周易》介于主体和客体之间，介于天和人之间的意义，主要的不在于区别了天和人，而是在认识主体（人）和认识客体（天）之间楔入了一个"神物"，从而导致了在"天人合一"思想中渗透着复杂的内容。

根据《周易大传》的阐释，《周易古经》有双重性质，一方面，它"弥纶天地之道"，是古代作《易》之人仰观天文，俯察地理的认识成果，是对宇宙万物的摹拟，体现着作《易》之人与客观世界认识上的统一。然而，在《周易大传》的作者看来，作《易》之人不是"日用而不知"的"百姓"，却是"聪明睿知神武而不杀"的"圣人"。所谓"圣人成能"，"百姓与能"，再明确不过地表达了这一思想。这就意味着，作《易》的圣人是全智全能的，是绝对真理的体现者。可见，《周易大传》中作为认识主体的"圣人"，不是现实的人，而是超现实的"神"。这就使《周易大传》中有关"天人合一"思想带有神学的杂质。

另一方面，根据《周易大传》的阐释，《周易古经》"预知幽明之故"，既是占筮者前知未来，用以断疑的工具，又是占筮者顶礼膜拜的对象。这种"膜拜"，具体说来就是观《周易》之象，玩《周易》之辞，按照《周易》的筮法，从事占筮活动。我以为，这种活动在本质上并非认识活动，却又有认识活动的某种因素。说它非认识活动，是因为这种占筮活动不是经过感知上升到对客观世界的理性认识。说它又有认识活动的某些因素，是因为所观之卦象，是对客观物象的摹拟；所玩之辞是对摹拟物象的卦象的解说，可以说是对客观世界的间接把握。然而，按照《周易大传》的解说："圣人有以见

①吕绍刚《周易阐微》，吉林大学出版社1990年第1版，第146页。

天下之赜,而拟诸其形容,象其物宜,是故谓之象。""圣人立象以尽意,设卦以尽情伪,系辞焉以尽其言。""《易》有四象,所以示也;系辞焉,所以告也。"占筮者所观之象,所玩之辞,都是"圣人之道"、"圣人之意"的表现,由此可见,观象玩辞的目的,实质上不是把握客观世界的变化规律,而是通过客观物象的间接把握,体察"圣人之道",领悟"圣人之意"。这样看来,《周易大传》所阐释的天人关系中,其"认识"客体又是"圣人";"天人合一"不是人对自然经过认识达到的统一,而是占筮者(百姓)对作《易》者(圣人)的迷信。

由于《周易大传》肯定《周易古经》的占筮巫术,其天人合一思想中有关认识主体与认识客体之间的关系是扑朔迷离的。问题就在于"圣人"介于中间。这群"圣人",一会儿成为认识的"主体",他们仰观天文,俯察地理,了解民情,知幽明之故,是全智全能者;一会儿又成为认识的"客体",他们设卦、系辞、作《易》,断天下之疑,是绝对真理的体现。他们变来变去,真是变化莫测,确实是"神无方而《易》无体"。《周易大传》在天人关系上的进步是,有时把神学中人与神的关系落实到现实中人与自然的关系,并且提出了"天道"、"地道"、"人道"等概念,表达了许多有益的,甚至比较全面的见解。这是中华传统文化中值得珍视的精华所在,但是,由于《周易大传》肯定了占筮巫术,在阐释《周易古经》的形成,性质和作用时,不能不陷于神学的泥淖之中。这个"神学",主要不是宗教神学,而是在现实生活中创造了一个超现实的"人";这个"人"既是作《易》者,又是体《易》者,被称作"圣人"。这个"圣人"兼有人和神的两重品格,既是认识的主体,又是认识的客体,无所不知,无所不能。由此可见,《周易大传》在天人关系上与《周易古经》不同,它宣扬的不是宗教唯心主义的天神崇拜;和庄子不同,它高扬的不是个体人的绝对自由精神;和荀子不同,它强调的不是现实中的人的主观能动作用；它所宣扬的是圣人的全知全能，是圣人的藏往知来，是圣人的弥纶天地；可以说，它在蝉蜕天神崇拜的同时，又制造了圣人崇拜。这虽不能说是《周易大传》在天人关系上的指导思想，但应视为其唯心主义杂质。

第三节　神道设教和圣人知几

《周易》经传中的天人合一思想是复杂的，既有关于人与自然相统一的积极内容，又有“神道设教”和“圣人知几”的消极内容，这些思想在经传中比重不同，隐显各异，但对后世都发生着深远的影响。这里就“神道设教”和“圣人知几”略作考察。

“神道设教”一语出自《观·彖》。我们先看《观》卦卦辞：

> ䷓观。盥而不荐，有孚颙若。

这条卦辞记录了古代一次祭祀的情形。按照古代祭礼，先进爵灌地以降神，叫做“灌”；既灌之后，还要杀牲进献，叫做“荐”。卦辞所记的这次祭祀灌而不荐，是一次没有成礼的祭祀活动。大概因为本来作为牺牲的俘虏身躯庞大，体格健壮，不准备杀之祭神，而想留作奴隶。因与祭礼不合，祭祀者心里疑虑因而占其吉凶。于是便成为这条卦辞。卦辞反映远古时期对待祭祀和俘虏的态度，本无深义。编辑《周易》时，因六爻爻辞都有“观”字，而卦辞的第一个字是“盥”，“盥”读作“灌”，与“观”音近，故以“观”名卦。《彖》传作者惯以天道说人事，于是敷衍出一段“神道设教”的文字来：

> 彖曰：大观在上，顺而巽，中正以观天下，观。盥而不荐，有孚颙若，下观而化也。观天之神道，而四时不忒，圣人以神道设教，而天下服矣。

《彖》传的含义我们可分三层理解：

（一）“大观在上，顺而巽，中正以观天下，观。”这是结合卦象和爻位来解释卦名。《观》之九五为阳爻，居君位，以下四爻皆阴爻，为臣民。“九五”有君临天下遍观臣民之象，故曰：“大观在上。”上卦为巽，巽为风，下卦为坤，坤为地。“风行地上”（《大象》）有顺从之意，故曰：“顺而巽。”“九五”居上卦之中，“六二”居下卦之中，皆当位，君守君道，臣守臣道，是为“中正”，故曰：“中正以观天下。”总之，《观》之卦象是君在上位，遍观天下臣民，因此卦名《观》。

（二）“盥而不荐，有孚颙若，下观而化也。”这是利用汉字通假多义的特点，对卦辞作新的解释。孚，当是俘虏之俘；《彖》传理解为孚信之孚。《说文》：“颙，大头也”，《诗经・六月》：“四牡修广，其大有颙。”《毛传》：“颙，大貌。”卦辞：“有孚颙若”意谓俘虏身材高大。可《彖》传把“颙”理解为敬肃，意谓在下位的臣民仰观国君祭祀，肃然起敬，衷心悦服，被君上的祭祀活动所化，故曰：“下观而化也。”

（三）“观天之神道，而四时不忒，圣人以神道设教，而天下服矣。”这是把殷周以来的天命神学和春秋战国期间的自然哲学杂糅在一起，对卦辞作政治哲理性发挥。“观天之神道”，很多学者理解为“观察自然界神妙变化规律”。这似乎有助于说明《彖》传自然观的唯物主义哲学倾向，然而却远离了《观》卦卦辞的内容。卦辞记录了一次远古祭祀活动。祭祀者，祭神以祈福祐也。它本身就是神学世界观指导下的活动。《彖》传表示自然规律用“天道”（《谦・

象》)、“天地之道”(《恒・彖》);此处解释记录祭神活动的卦辞,加一“神”字,当然与祭神相关。《彖》传(还有《周易大传》的其他部分)具有鲜明的唯物主义倾向,不可忽视;并没有彻底抛弃天命神学,也不必遮掩。《鼎・彖》说:“圣人亨以享上帝”,这就证明《彖》传作者还残存着上帝观念。在《彖》传写作的战国时期,人们,甚至是哲人,头脑中存有上帝观念,著述中表现出神学影响,是不足为怪的,甚至是正常的。基于这种理解,我们不必为其文字缭绕而曲为之辞,“观天之神道”就是观察了解自然界所体现的天神主宰作用;比如说,四时运行就是“天之神道”的表现。故曰:“观天之神道,而四时不忒。”下文由四时运行,转向社会人事,治理天下臣民,故径言“神道”:“圣人以神道设教,而天下服矣。”《观・彖》所说的“天之神道”一方面含有自然界运行秩序的内容,另一方面又含有上帝(神)主宰自然的意思。

可见《彖》传在这里表现了自然天道观和神学天命观两相兼顾的思路。这种思路我们可以由《彖》传对《革》卦卦辞的解释得到进一步证明:

> 天地革而四时成。汤武革命,顺乎天而应乎人。《革》之时大矣哉。

文中第一句天地连文,毫无疑问,天是自然之天。下文“顺乎天而应乎人”,天人相对,很显然,这里的“天”同上面“天地”连文的“天”不同,是天神之天。“顺乎天而应乎人”是作者沿袭周初人的观念对“汤武革命”的评价。“不显文王,受天有大命”(《大盂鼎》);“皇天上帝,改厥元子,兹大国殷之命”(《尚书・召诰》);“天乃大命文王殪戎殷,诞受厥命,越厥邦厥民”(《尚书・康诰》)。这是周人对周代殷命的权威解释；“顺乎天而应乎人”是《彖》传对周人解释的发展，表现出兼顾上帝与自然、天神与人民的理论思路。

这种兼顾自然与上帝的理论思路，可以说是《周易大传》的共同倾向。《系辞》：

明于天之道，而察于民之故，是兴神物，以前民用。

“神物”，指蓍草。下文又说：“天生神物，圣人则之。”《系辞》认为，蓍草的不同排列，变化莫测，神妙非常，定非自然而生，乃上帝有意所为。圣人取蓍草，造筮法，成《周易》，指示人事，趋吉避凶，即所谓“以前民用”。这是明显的神学世界观。但开头却说“明于天之道，而察于民之故”，又表现出自然规律与人事生活相对应、相统一的思想。《系辞》的这段文字，既是“神道设教”的注释，又是《彖》传自然与天神兼顾的思想倾向的证明。

《彖》传“神道设教”兼顾自然与天神的思想倾向，反映了《周易》“天人合一”思想的双重内容。在后世，这种倾向分别朝着两个方向发展。一个是进一步与阴阳五行学说相结合，以中国传统哲学的特有方式，阐释人事与自然规律相吻合、相统一的思想，这当以《吕氏春秋》为代表。这部杂家之言，在天人关系上，承继着《周易》“神道设教”的兼顾倾向，而侧重于“法天地”。揭明该书宗旨的《序意》说：“盖闻古之清世，是法天地。凡十二纪者，所以纪治乱存亡也，所以知寿夭吉凶也。上揆之天，下验之地，中审之人；若此，则是非可不可无所遁矣。”①全书以十二纪为纲，编造了一个综括天文地理人事相互关系的世界图式，以时令统率行政活动。尽管这

①陈奇猷校释：《吕氏春秋校释》第一册，学林出版社 1984 年版，第 648 页。

部书有形式上拼凑、内容上羼杂等缺点，但它提出的“法天地”命题的内容是明确的；并为后世历代封建王朝政治措施效法天地提供了理论基石。

另一方向是沿袭商周时期神学世界观，宣扬王权神授，这当以董仲舒为代表。这位封建时代的神学理论家，在他的《春秋繁露》中反复地，多角度地阐述一个主题：天神至上，王权神授。他说：“天者，百神之君也，王者之所最尊也。”（《郊义》）“惟天子受命于天，天下受命于天子”（《为人者天》）。天是至上之神，是人间最高主宰；帝王受天的命令来统治天下。他又说：“王者配天，谓其道。天有四时，王有四政，四政若四时，通类也，天人所通有也。”（《四时之副》）“圣人副天之所行以为政，故以庆副暖而当春，以赏副暑而当夏，以罚副清而当秋，以刑副寒而当冬……庆赏罚刑与春夏秋冬以类相应也，若合符。”（《四时之副》）这就是说，君主施政要与春夏秋冬四时相配合。在《五行逆顺》中他还要求政令与地之金木土水火五行相配合。这样，他就把阴阳五行理论纳入了天命神学的体系之中。董仲舒的政治哲学与《吕氏春秋》的哲学倾向，虽然不同，但兼有法自然之天的思想又是一致的。

综合两者，我们看到封建社会前期的政治哲学的两大支点：王权神授和天人感应。而这两点都可以从《彖》传的“神道设教”中得其近源。《周易》以卜筮之书被封建统治者列为五经之首，在封建社会的政治文化生活中，具有弥纶一切，冠冕群言的地位，我以为主要是“神道设教”从根本上符合封建统治者的要求。“神道设教”，配合“王权神授”的思想，借助于天神，宣告封建王权是不可动摇的，所谓“受命于天，既受永昌”，正是这一思想的表现。“神道设教”又蕴涵了“天人感应”的观念。它套用“同类相感”的“理论”来解释社会的治乱兴衰、人事的吉凶祸福。这种“理论”从本质上说是荒谬的，但给人以合乎事理(自然规律)合乎人情(喜怒哀乐)的假象,因之,春庆夏赏秋罚冬刑成了历代帝王"仁政"的体现。我认为,《周易》给中华文化所提供的首先是这样一个封建政治统治的不二法门。

《系辞》反复强调,《周易》是一部"冒天下之道","类万物之情","通天下之志"的神妙著作。用现代语言来说,《周易》穷尽一切规律,体现绝对真理。那么,为什么《周易》有如此神妙的功用呢?《系辞》的回答是:《易》有圣人之道,《易》见圣人之意,质而言之,《易》乃圣人之作。

对《系辞》的圣人作《易》,近世论者多据《系辞》中有关仰观俯察的文字,认为其符合唯物主义的反映论。依我看,这只是问题的一面。《系辞》的确是把认识的来源基本上归之于客观世界。但问题还有另一面,这就是作《易》的圣人(无论是伏羲、周文王,还是其他的什么人)对天地万物的认识,是相对的,还是绝对的;换言之,作为认识主体的人,是在有限的范围内逐渐加深对客观世界的认识,还是对无限的客观世界达到了穷尽一切的认识!当我们用上述尺度考察《周易大传》的圣人作《易》说时,就会发现,这是一种认识上的绝对论。《系辞》说:

> 《易》与天地准,故能弥纶天地之道。
>
> 夫《易》开物成务,冒天下之道……
>
> 《易》之为书也,广大悉备……
>
> 《易》有圣人之道……
>
> 圣人立象以尽意,设卦以尽情伪,系辞焉以尽其言,变而通之以尽利,鼓之舞之以尽神。

这类辞句表明,《周易》穷尽一切真理,是因为作《易》的圣人"聪明睿知神武”，穷尽一切真理。可以说，《周易》与圣人一体；《周易》即圣人，圣人即《周易》。更能说明问题实质的是《系辞》下面一节文字：

> 夫《易》，圣人之所以极深而研几也。唯深也，故能通天下之志；唯几也，故能成天下之务；唯神也，故不疾而速，不行而至。

这是《系辞》对《周易》及其作者——圣人无以复加的赞美之辞。孔颖达说：“言《易》道宏大，故圣人用之所以穷极幽深而研覈几微也。”（《周易正义》）深，理之未显；几，动之微妙。二者均指事理之深微。“极深”和“研几”，简言之就是“知几”。《系辞》说：“知几其神乎”，就兼指“极深”和“研几”。根据《系辞》的说法，圣人“知几”与平常人的认识活动显著不同。一是穷尽一切事理之精微神妙；二是“不疾而速，不行而至”，即《系辞》说的“无思也，无为也，寂然不动，感而遂通天下之故”。前者可称之为“知几”的绝对性；后者可称之为“知几”的神秘性。这样看来，圣人一方面作《易》以“冒天下之道”；另一方面又用《易》以“极深而研几”。圣人和《周易》几乎同体。圣人因《周易》以“见意”、“通志”；《周易》因圣人而“藏往”、“知来”。它们都“无思无为”，又都穷尽一切真理。《周易》是“神物”，圣人是创造“神物”的“人”。

这一切说明，作《易》的圣人不是现实的人，具体的人。一个极其简单的道理是，任何现实的人，而不是观念中的“人”，他或他们的认识活动都要从对具体的客观事物的感知开始，而且带有局限性；他或他们不能无思无为，因为现实中没有超越思维活动的思维主体；他或他们也不能穷尽一切真理，因为现实中的人的认识能力是有限的，而客观世界是无穷的。只有承认人的认识局限性，相对性，才能肯定作为认识主体的人是现实的人，具体的人；否则，便是超现实的绝对的“人”。因此，我认为，《周易大传》中所称颂的仰观俯察的圣人，立卦作《易》的圣人，极深研几的圣人，不是现实中的人，而是超现实的神。有关圣人仰观俯察，立卦作《易》，极深研几的一切赞美之辞，都是在制造圣人崇拜、宣扬圣人崇拜。这种圣人崇拜本身是迷信，而《周易大传》制造圣人崇拜却是“理性”的产物。《周易大传》的基本部分编撰于战国晚期，这正是先秦理性思潮由高涨向集权政治归附的阶段。这时，理性思潮动摇神的绝对权威，肯定人的主体价值的基本主题，渐渐表现出向君主权威归附的倾向。在这样时代背景下，《周易大传》的作者承担着势必“两难”的任务：用理性精神来解说筮书《周易》和向巫术迷信中注入理性精神。筮书《周易》中的神与理性精神中的人共同制约着《周易大传》作者们的思维路径，可他们却走出一条“两全”的道路：一方面承袭着筮书《周易》的某些神学内容，一方面注入了理性思潮张扬主体精神的某些思想。于是在神与人的杂糅中产生了畸形的圣人。因此，这种圣人崇拜以歪曲认识来源，否定思维活动，夸大认识能力为内容，而以圣人“认识”能力绝对化为核心。《周易大传》的圣人“知几”说实质上是殷周时期天神崇拜的衍变。

这种圣人崇拜，可以说是准神学意义的“天人合一”。它以“人”的认识能力绝对化为核心，适合历代封建统治者树立王权的政治需要，因而为封建统治者所宣扬、所利用，以至深远地影响着中华民族的心理，甚至以圣人之言作为推论的前提，直到今天，人们仍然习焉而不察。

第五章　人文与化成

如前所述，《周易大传》总的思想是“明于天之道而察于民之故”。而察民之故，了解社会的目的就是“化成天下”。

《贲·彖》：

> 贲，亨，柔来而文刚，故“亨”；分，刚上而文柔，故“小利有攸往”。刚柔交错①，天文也；文明以止，人文也。观乎天文，以察时变；观乎人文，以化成天下。

《贲》䷕的卦辞是“亨，小利有攸往”。亨即享，祭祀。筮遇此卦，可行享祭，有所往则小利。本无深义。《彖》传借此发挥其“化成天下”的理论。“柔来而文刚”释卦辞之“亨”。柔指下离之六二，刚指九三，言六二阴爻（柔）居下卦之中，以文饰九三阳爻（刚）。阴阳交错，故亨通。“分”，高亨《周易大传今注》：“分谓刚柔分也，承上句

---

①今本《周易》无“刚柔交错”四字。“天文也”与上下文无涉，不成文义。考王弼注：“刚柔交错而成文焉，天之文也”，孔颖达《正义》：“刚柔交错成文，是天文也。”知王弼、孔颖达所据之《周易》有此四字。又唐郭京《周易举正》：“‘天文’上脱‘刚柔交错’一句。”今据补。

省刚柔二字。《贲》卦是阳卦之艮在上，阴卦之离在下，是为刚柔‘分’，如君臣分职，男女分务，刚德柔德分用等是。”①“刚上而文柔”谓九三阳爻居上而六二阴爻居下，以柔德文饰刚德，刚柔相济。此释卦辞“小利有攸往”。下文是作者的义理发挥。“刚柔交错”既指六二与九三“交错”，又指下离与上艮交错，象征着天象，日往月来，月往日来，交错生辉，以成四时，是天体的运转，故曰“天文”。所以下文说“观乎天文，以察时变”。《贲》之下离为文明，上艮为止；离，“为火，为日，为电”(《说卦》)，有文明之象。《周易集解》引虞翻曰：“文明，离”，是以文明指离。艮为山，为止。止，有节制、限制之义。“人文”，泛指社会的政治、经济、文化、教育各个方面。“文明以止”，强调政治、经济、文化、教育等人文现象都应有制度来规范、节制。社会生活中的一切符合规范，各安其分，有秩序的运行，就达到了理想社会。所以说“观乎人文，以化成天下”。总之，效法天文，强调并维护社会秩序以化成天下是《贲·彖》的中心思想，也是《周易大传》有关人文思想的基本倾向。

第一节　崇德与化民

化成天下主要是化民。按照儒家的传统观点是以德化民。《周易大传》提出了崇德和化民两个相互联系的概念。《系辞》：“利用安身，以崇德也”；《豫·大象》：“先王以作乐崇德”；《乾·文言》：“忠信所以进德也。”进德也是崇德，均谓经过不断修养提高个人的道德。

---

①《周易大传今注》，齐鲁书社 1979 年版，第 226 页。

崇德的主体是现实中的人。人在社会中分别处于不同的地位。《周易大传》把人分为君子和小人两大类，即统治者和被统治者。《周易大传》中有关道德的阐释，多言君子如何，大人如何，先王如何。这说明，它是为统治者谋，为君子谋。简言之，主要是对在位的统治者提出道德修养问题。

至于君子、大人崇德的内容，以什么为标准，修养到什么境界，《周易大传》认为，君子当以天地为法，与天地合德。它认为《乾》、《坤》蕴含着天地万物的精义。君子崇德的主要内容便集中在《乾》、《坤》两卦的解说中：

> 天行健，君子以自强不息。（《乾·大象》）
> 地势坤，君子以厚德载物。（《坤·大象》）

天体不断地运转，体现出刚健的精神；君子法天，应培养自强不息的品德。大地从西北向东南顺势而低，体现出柔顺的德性；君子法地，应该具有厚德载物的胸怀。这就是《周易大传》为统治者提出的道德内容，天德刚健，地德柔顺，二者相互为用，相互渗透。天德刚中有柔，健中有顺。《乾·文言》说：

> 初九曰："潜龙勿用"何谓也？
> 子曰：龙德而隐者也。不易乎世，不成乎名，遯世无闷，不见是而无闷。乐则行之，忧则违之，确乎其不可拔，潜龙也。

君子效法天德，培养刚健的品格，身处逆境，不从流俗，不求功名，远离现实，无人理解也不苦闷；对世事有自己的原则。"心以为乐，已则行之；心以为忧，已则违之"（《周易正义》），表现出独立不迁的坚强意志。就“确乎不可拔”而言，是刚健的品德；就“避世”隐居、与世推移而言，又具有柔顺的因素，这是刚中有柔，健中有顺。《坤·文言》说：

> 坤至柔而动也刚，至静而德方，后得主而有常，含万物而化光。坤道其顺乎，承天而时行……君子敬以直内，义以方外。敬义立而德不孤。

这是说，大地虽宽厚柔顺，但运动时却很刚强；虽安分静处，其作用却遍布四方。它不自作主张，顺承天道，被动地按照天时运作，却能够包容万物，生长万物，使自身焕发出光彩。君子效法大地，主敬以直其内心，守义以方其外物，培养敬义的美德。以敬义待人，则人亦以敬义应之。因而君子的美德流播广远，毫不孤立。《文言》解释坤德时，明确提出“动也刚”，“敬以直内，义以方外”。敬义，均属阳刚的品德。说明坤德柔中有刚，顺中有健。综合《乾》、《坤》两卦有关的说解，《周易大传》提出的道德准则和人格理想，不是单纯的刚健精神，而是刚柔相济，健顺相得。说到底，还是《说卦》那节文字：“立天之道曰阴与阳，立地之道曰柔与刚，立人之道曰仁与义。”

《周易大传》的各个部分对君子“崇德”多有阐述，除《乾》、《坤》两卦的《彖》、《象》、《文言》之外，《系辞》中下引一节文字颇为后世学者称道：

> 尺蠖之屈，以求伸也；龙蛇之蛰，以存身也。精义入神，以致用也；利用安身，以崇德也。

这里从动物的本能说到人的道德修养。"利用安身"是理解本节文字的枢纽。"安身"承上文"存身"二字，尺蠖之屈，龙蛇之蛰，都是为了"存身"。人们应该从动物的本能中体会到以屈求伸的精义，只有屈方能伸；只有"存身"方能"崇德"。"利用"承上文"致用"二字。"致用"谓尽物之用，"利用"谓利其物用。《正义》说："欲利益所用，先须自安其身，身既安，然后举动，德乃尊崇；若不先安其身，身有患害，何能利益所用？"大体符合原意。"利用安身"与上文"存身"、"致用"交错相承。文字虽从两面写来，文意却是单线连属。"利用"以"安身"为前提；"崇德"以"安身"为基础。本节文字所阐发的"崇德"的思想核心却是以屈求伸，以蛰存身。在本节文字的前面有这样几句："日往则月来，月往则日来，日月相推而明生焉；寒往则暑来，暑往则寒来，寒暑相推而岁成焉。往者屈也，来者伸也，屈伸相感而利生焉。"讲的是屈伸相感，交错为用。伸者进长，刚德也；屈者退缩，柔德也。统而观之，《系辞》以自然现象和动物本能为喻，告诫人们，深入掌握"屈伸相感"的精义，以屈求伸，以蛰求存；君子崇德要健顺并用，进退相辅，刚柔相济。所以《系辞》下文又说："君子知微知彰，知柔知刚，万夫之望。"《系辞》中有关文字体现着《周易大传》关于君子"崇德"的基本倾向。

有一种意见认为，《周易大传》贡献给中国传统文化的是，培养了中华民族的刚健精神，或者说，培养了"自强不息"的刚健精神和"厚德载物"的博大襟怀相结合的弘毅品格。在我看来，这种观点未必符合《周易大传》各个部分思想的总体实际。应当指出，在漫长的封建社会以及近现代，许多志士仁人引述《周易大传》的有关辞句，强调、宣扬中华传统文化的刚健精神和弘毅品格，这是一回事。因为这种强调，这种宣扬有着当时的现实的政治背景和文化背景，它属于对民族古文化典籍的利用问题。而《周易大传》在君子崇德的问题上的全部见解的实质性内容，又是一回事。二者相关，却有区别。我们切不可以对民族文化建设中的主体需要，代替对民族文化典籍的全面研究和客观考察。

就《周易大传》阐释的君子“崇德”的有关全部内容来看，很难以“刚健”或“自强不息”简单概括；即使如笔者上面分析的刚柔相济，健顺相辅的说法，也还包含着卑弱自处，避世保身的重要内容。这种思想大约继承了老子“弱者道之用”的隐士哲学，不能说仅是体现着战国时期社会变革中的时代精神。如前所述，《周易大传》融汇着战国时期的不同学理。在道德修养问题上有一个总的倾向，而这个总的倾向却是儒道两家有关道德思想的“合力”。老子就曾说过：“故贵以身于天下者，则可以寄天下矣；爱以身于天下者，则可以托天下矣。”①老子认为，个人的身体比天下更贵重；爱护自己的身体重于关心天下。因此，他宁肯不有天下，也不肯轻用此身。我引用老子贵身的言论不是说《系辞》中以蛰存身的思想与老子贵身的思想完全相同，只是用来表明，《系辞》中安身崇德的思想，以蛰存身的思想，“避世无闷”的思想与老子贵身的思想一脉相通。应该说，这是春秋末期隐居避世的弱者哲学在《周易大传》中的渗透和影响。我们评价《周易大传》的文化意义，不能无视这种弱者哲学的影响和渗透。因此，我们不能同意《周易大传》贡献给中华民族传统文化的是刚健精神，或是弘毅品格的那种说法。

“化民”，是《周易大传》变化观念在社会政治生活的集中体现。它认为，天地在不断变化，人类社会也要随之不断变化。社会在变化中存在，秩序在变化中形成。《系辞》说：“天地变化，圣人效之。”圣人效法天地变化，一方面是自己日新其德，另一方面是化民。所

①引文据古棣、周英《老子校诂》，吉林人民出版社 1991 年版，第 433 页。

以《系辞》又说:“神而化之,使民宜之”,即所谓“化民成俗”。崇德和化民分别属于修身和治国两个范畴,但又有联系。《周易大传》的作者们基本是站在儒家的立场上来看待社会问题的。他们认为,个人的道德修养提高了,社会也就安定了。孔子就说过:“修己以安人”,“修己以安百姓”(《论语·宪问》)。百姓安则社会安。《周易大传》承继着儒家修己以安社会的思想传统。《乾·文言》说“德博而化”;《乾·九二·小象》说“德施普也”;都是说道德教化问题。于是,个人的道德修养具有了安定社会秩序的政治意义。这是《周易大传》反复提倡“崇德”、“进德”的旨趣。

《周易大传》强调君子崇德,这说明它确是以人为出发点,启示人们在不同的情况下如何做到主观与客观的统一,人与自然的和谐,但其归宿,是化民,是社会成员之间的和谐,天下化成。《周易大传》中的人,既是个体的人,又是社会的人;他们是生活在家庭、社会中的现实的人。《周易大传》的人生理想境界,是“与天地合其德”,达到个人与自然规律的和谐一致;又谋求人际关系的和谐。它的逻辑是,人人都与自然和谐一致,人与人之间也就和谐一致了。说到底,它谋求群体的和谐、社会的和谐,亦即“天下化成”。

这一基本倾向,在《周易大传》的各个部分几乎都有体现。《咸·象》说:“天地感而万物化生,圣人感人心而天下和平。”对此有的著作解释说:“《周易》是政治性很强的书,它讲天之道,讲民之故,最后总是落在民之故上。这里讲的圣人显然不是一般的人,是指统治阶级的王侯而言。因为圣人感天下人之心,所以天下人之心才和平安宁,老老实实接受统治。”[1]这确实揭示了《周易大传》讲民之故的实质。《大象》释卦辞,讲君子见卦象取法之义,重在道德

---

①金景芳、吕绍纲《周易全解》,吉林大学出版社 1989 年版,第 236 页。

修养,如“自强不息”,“厚德载物”,“反身修德”,“惩忿窒欲”等等,旨在化民。《乾·文言》讲“以美利利天下”,讲“敬以直内,义以方外”,都不局限于个人的道德修养,进而扩展到人际关系。《系辞》讲“通天下之志”,“成天下之务”。“通天下之志”就是以天道启示人心,达到人与自然的和谐;“成天下之务”,就是达到群体的和谐,化成天下。由此可见,《周易大传》是一种以解经为形式,以人生为理论起点,通过道德修养,化民成俗为途径,以化成天下为最终目的的政治性很强的书。

第二节　广业与保民

《周易大传》强调君子崇德,不只是“反身修德”(《蹇·大象》),或者“自昭明德”(《晋·大象》),而且要“果行育德”(《蒙·大象》),要见之于行动,发之于事业。《系辞》盛赞:“《易》其至矣乎!夫《易》圣人所以崇德广业也。”这是说,《周易》所以伟大到极点,就因为它有崇德和广业两方面的作用。崇德是提高个人品德,是修己的功夫;广业是建立宏伟功业,属于实践范畴。崇德是广业的个人主观条件;广业是崇德在社会实践方面的继续和发展。二者密切关联。所以,《周易大传》讲崇德,总是连及广业。《系辞》说:“盛德大业至矣哉!富有之谓大业,日新之谓盛德。”盛德大业是在位君子之事,是对统治者品德和事业两个方面的要求。可见,广业主要是推广统治者的事业,是光大帝王君主之业。《大有·彖》:

> 《大有》,柔得尊位大中,而上下应之,曰《大有》。其德刚健而文明,应乎天而时行,是以“元亨”。

按照《周易大传》关于爻位和卦象的理论，《大有》䷍六五阴爻处上卦之中，居君位，上面的上九和下面的九四都是阳爻，与六五相应。所以《彖》传释为“柔得尊位大中，而上下应之”。阴柔处于尊位，拥有五个阳爻，是所有者大，所以卦名《大有》。六五以阴柔居尊位，五阳处臣民之位，为其所有，正是君主之象。从卦象说，《大有》下乾，上离。乾为天，有刚健之德；离为火，有光明之象。所以说“其德刚健而文明，应乎天而时行”。《象》传也认为《大有》讲的是帝王之业，要在位者“遏恶扬善，顺休天命”。司马光对此有较为明确的阐发：“火在天上，明之至也。至明则善恶无所遗矣。善则举之，恶则抑之，上之职也；明而能健，庆赏刑威得其当，然后能保有四方，所以顺天美命也。”（《温公易说》）《彖》传说“应乎天而时行”，《象》传说“顺天休命”；司马光解说中有“上之职也”，“保有四方”的辞句。这都说明，《大有》讲的是帝王之业，可作为《系辞》“富有之谓大业”的具体注释。

帝王之业称为“大有”，因其所有者大。帝王之所有者，一为土，二为民，而以民为主要；因为有民则有土，统治者的首要任务是如何统治人民。这是“广业”的主要内容。程颐说：“君子享大有之盛，当代天工，治养庶类。”（《程氏易传》）“治养庶类”，主要指治民养民。程颐的解说深得《象》传的旨趣。“治养庶类”，《临·大象》称作“容保民”：

> 泽上有地，《临》。君子以教思无穷，容保民无疆。

《大象》认为《临》䷒卦，下兑，上坤；兑为泽，坤为地。从卦象看是坤地居上俯临兑泽，有居上临下之义。以自然推论人事，则意谓着君王居上而临治下民，即统治者统治人民。但《大象》作者却从自然界泽水与土地的关系中对统治与被统治的关系别有一番理解。它认为泽中之水滋润岸边之土，岸边之土包容泽中之水。土是宽厚的，水是柔顺的，二者并非相制相克，而是相亲相得的关系。有见于此，统治者临治下民，不应运用强制的手段，而应采取教化的方法；不应以暴力制裁人民，而应以德政容民保民。简言之，即保民。对于《大象》的保民思想，元人胡炳文有较为简明深切的解释："不徒曰'教'，而曰'教思'，其意思如兑泽之深；不徒曰'保民'，而曰'容民'，其度量如坤土之大。"（《周易本义通释》）《大象》提出"教思"、"容保民"，是对统治者崇德的要求，如坤之容载万物，而作到容保万民，其本身就是"广业"。我们看"教思"之后，接言"无穷"；"容保民"之后，接言"无疆"，可见其德之崇高，业之广大。

这种思想又见于《师》卦的《彖》、《象》：

> 《师》䷆：贞丈人吉，无咎。
>
> 《彖》曰：《师》，众也。"贞"，正也。能以众正，可以王矣。刚中而应，行险而顺，以此毒天下，而民从之，"吉"，又何咎矣。
>
> 《象》曰：地中有水，《师》，君子以容民畜众。

《师》卦卦辞本无深义。《彖》传以众释师，以正释贞，则《师》有引导民众归于正的含义，这恰是君王之事，故曰"可以王矣"。"刚中而应"就爻象爻位而言。《师》之九二阳爻，为刚，居下卦之中，故曰"刚中"。意谓君王有刚德且有中正之道。其余五爻皆为阴爻，与九二阳爻相应，故曰"刚中而应"。这是说，君王守中正之道，臣民与之应和，亦归于正道。实即天下化成。"行险而顺"，此据卦象为说。《师》之下卦为坎，上卦为坤；坎，险也；坤，顺也，故曰"行险而顺"。以人事言之，《彖》传认识到统治者与被统治者的对立关系，故曰“行险”；“顺者”，指人民服从统治。所以下文接着说：“以此毒天下，而民从之。”按“以此”之此指君王有刚德且有中正之道。“毒”，俞樾《群经平议》释曰：“毒通作笃，笃通作督，皆声近而义同。此传毒字当读为督。《尔雅·释诂》：‘督，正也。’以此督天下，言以此正天下也。”《彖》传主张君有刚德守中道，以正臣民，恰是儒家德治主义的表现。孔子在回答季康子问政时说：“政者，正也。子帅以正，孰敢不正。”（《论语·颜渊》）又说：“君子之德，风；小人之德，草。草上之风，必偃。”（同上）这种儒家的德治思想，在《大象》中表现得比较鲜明而且系统。除上引《大象》“容民畜众”，还有“上以厚下安宅”（《剥》），“振民育德”（《蛊》），“居贤德善俗”（《渐》）等等。都是要求君主崇德、保民、广业。

《周易大传》的所谓“广业”，除了“保民”还包括“尚贤”、“养贤”。《大畜·彖》：

> 《大畜》，刚健、笃实、辉光，日新其德，刚上而尚贤，能止健，大正也。“不家食吉”，养贤也；“利涉大川”，应乎天也。

《大畜》☶，下乾上艮。乾为天，天道刚健；艮为山，山性笃厚；天光山色，相映成辉，气象日新，故曰：“刚健、笃实、辉光，日新其德。”此以卦象言之。上九阳爻，为刚，处一卦之上，象征君主高居尊位，畜养贤才，故曰“刚上而尚贤”。此以爻象爻位言之。“乾，健也”，处艮之下，“艮，止也”，居乾之上；意谓艮能以道规正至健的乾。所以又说“大正也”。“不家食吉”、“利涉大川”均为《大畜》卦辞。《彖》传认为，贤者不食于家，而食于朝廷，说明朝廷养贤。“天地养万物”是自然规律；朝廷养贤正是顺应天道。所以，处“大畜”之时，利于有所为，“利涉大川”其意指此。卦名《大畜》谓所畜者大，君主内畜刚德，外畜贤才，虽“尚贤”、“养贤”并言，其意实为“养贤”。

又《颐·彖》：

> 《颐》“贞吉”，养正则吉也。“观颐”，观其所养也。“自求口实”，观其自养也。天地养万物，圣人养贤以及万民。《颐》之时，大矣哉。

按《颐》䷚卦的卦辞是：“贞吉。观颐，自求口实。”高亨释曰：“此申释卦义。养得其正者，唯天地与圣人。天地则养万物。圣人则养贤及万民。然天地之于万物，应其时而养之，故万物能生活长成；如失其时，则万物伤矣。圣人之于贤人及万民，亦应其时而养之，故贤人能献其力，万民能乐其生。”①《彖》以正释贞，故曰：“养正则吉也。”又以卦象解释卦辞。下震为动，上艮为止；震动于下，艮止于上，为口腮咀嚼食物之象。食物所以养人，所以说“观其所养也”。又从卦辞“自求口实”引申出加强自身主观修养的道理——“观其自养也”。我们重视的是下面有关政治哲理的发挥：“天地养万物，圣人养贤以及万民。”圣人，指在位有德之君。天地养万物，圣人应效法天地畜养贤德之人和万民百姓。《彖》传十分明确地强调“养贤”，和畜养万民同样，畜养贤才。

我们不能一看到“养贤”就以为《彖》传所谓“养贤”是春秋战国时期“尚贤”思想的体现。“尚贤”是当时某些学派的政治理论中的概念，它与西周领主贵族政治的“亲亲”、“尊尊”相对立，基本涵义是任用贤才，使之为政。孔子认为，推行他的“为政以德”（《论语·为政》）的主张，必须“举贤”，提出“举贤才”。他所谓的“贤才”，对

---

①《周易大传今注》，齐鲁书社 1979 年版，第 260 页。

象不甚明确。回答仲弓时说:“举尔所知”(《论语·子路》),回答樊迟时说:“举直措诸枉”。(《论语·颜渊》)从孔子的政治上总的调合倾向来看,可能既包括旧的领主贵族中的才能杰出者,又包括新兴的士阶层成员。他所谓的“举”,是使之为政,并非养之使不隐。孔子的“举贤才”,不可避免地反映着新旧时代相衔接的痕迹。真正代表“尚贤”理论的是墨家创始人墨翟和战国中期儒家巨擘孟轲。墨翟说:“故古者圣人之为政,列德而尚贤,虽在农与工肆之人,有能则举之,高予之爵,重予之禄,任之以事,断予之令。”(《墨子·尚贤上》)墨翟的“尚贤”是举“农与工肆之人”中的“有能者”,“高予之爵,重予之禄,任之以事,断予之令”,其目的是打破西周以来政治上“亲亲”、“尊尊”的传统格局,创造一个“官无常贵而民无常贱”的生动活泼的政治局面,反映了下层劳动群众(农与工肆之人)的政治要求。孟轲说:“尊贤使能,俊杰在位,则天下之士皆悦,而愿立于朝矣!”又说:国君为政,“莫如贵德而尊士,贤者在位而能者在职”(《孟子·公孙丑上》)。孟轲的“尊贤”带有儒家特有的调和色彩,认为“用下敬上,谓之贵贵;用上敬下,谓之尊贤。贵贵尊贤,其义一也”(《孟子·万章下》)。他没有把代表旧传统的“贵贵”和反映新要求的“尊贤”彻底分离开来。然其所尊之贤是“天下之士”的能者;“尊”的涵义是“在位”而不是“养”。它反映了战国以来新兴知识阶层——士要求登上政治舞台的主要愿望。

可见,“尚贤”思想是春秋末至战国期间社会关系剧烈变动的反映。在这期间,新的地主封建制逐步取代了旧的领主封建制。经济关系的变动导致了阶级关系的复杂化。西周以来以血缘为纽带的宗法制度逐渐解体,造成了“礼崩乐坏”的政治局面,在社会动荡中,原来禁锢于宗法制度中的庶人,农穑商工之民获得解放。他们或从军立功受赏,成为新兴地主阶级的一员;或经商致富,成为家累巨万的商人阶层。较多的是讲文学、搞理论，或设帐讲学，或游说取位，成为前两部分人思想政治上的代表。他们是才能之士，是时代的“俊杰”，他们迫切要求登上风云变幻的政治舞台，一显身手。墨子尚贤，孟子尊贤，正是这一时代要求的反映。这就是“尚贤”思想的实质。

然而，我们综观《周易大传》的“尚贤”、“养贤”，却看不出这样的实质性内容。

首先，它所尚之贤，具体内容涵浑，不易明确，我们只能从有关文字的文意来判定。大体说来，《周易大传》所谓贤，指或在位或不在位的有望之人。《系辞》：“乾知大始，坤作成物；乾以易知，坤以简能；易则易知，简则易从；易知则有亲，易从则有功；有亲则可久，有功则可大；可久则贤人之德，可大则贤人之业。”这节文字从乾坤所体现的天地创生万物之德，推论人事，若能效法乾坤，则可成就贤人之德，贤人之业。朱熹解释说：“上言乾坤之德不同，此言人法乾坤之道至此，则可以为贤矣。”(《易本义》)按照《系辞》的说法，乾坤是《周易》的门户，体现天地的微妙道理。效法乾坤，就是效法天地之道，只有在位的圣人才能做到。有可久之德，创可大之业者，非圣人而何？这正是君子崇德广业的最高极致。可见《系辞》所谓“贤人”是在位之有德者。《坤·文言》说：“天地闭，贤人隐。”此言天地不交，上下阻塞，君臣不合，当此之时，有德之贤者，隐居而避祸。此贤人指曾经在位因时乖而隐退的有德者。把《系辞》和《文言》合而观之，则知它们所谓“贤”重在有德，体天地之德，知时事变化，而不同于墨子、孟子所谓之才能之士。

其次，《颐·彖》说“圣人养贤”，《大畜·彖》说“养贤”；《彖》传所说的“贤”，不同于《系辞》、《文言》，当指不在位之才能之士。但，关键在一“养”字。“养贤”与“尚贤”不同。对此，高亨说：“圣人之于贤人及万民，亦应其时而养之，故贤人能献其力，万民能乐其生。如失其时，则贤人隐，万民苦矣。”（《周易大传今注》）可见《象》传所谓“养贤”，是养之使不隐，不同于墨子所谓“任之以事，断予之令”。《象》传不说“尚贤”、“尊贤”而说“养贤”，可能与战国后期的养士之风有关，如战国四君子之养士，充作僚属、食客，我们不能武断地说《周易大传》的“养贤”与春秋战国期间的尚贤思想了不相涉，但应该说，它并不属于春秋战国期间由墨翟、孟轲代表的具有进步意义的尚贤思想。这是因为，《周易大传》的作者们在政治上还企望着西周时期宗法制的模式。他们的理想社会是天子“建万国，亲诸侯”（《比・大象》），“作乐崇德，殷荐上帝，以配祖考”（《豫・大象》），“省方观民设教”（《观・大象》），“治历明时”（《革・大象》），“制度数，议德行”（《节・大象》），以期达到“万国咸宁”（《乾・象》）。这是一种具有明显的宗法时代神道设教与礼治结合的政治观念。在这种观念下，《周易大传》的作者们只能摭拾一些当时流行的“尚贤”、“养贤”的辞句，而不可能提出真正意义的尚贤主张。

基于此，我们就可以对《周易大传》的“保民”思想作进一步的具体分析。《周易大传》的容民、保民、畜民、养民，“振民育德”，“劳民劝相”，是要求君主以德保民。这是西周以来，统治阶级“敬德保民”、“民为邦本”思想的继续，体现着儒家爱民、重民的思想传统，是春秋战国期间民本思潮的组成部分。它的主要特色是以自然比附人事，把社会政治生活中的君民关系比附为自然界大地和万物的关系，或者比作池水与岸土的关系。它认为大地以厚德载物，君主应以博大的胸怀容保万民。然而这种比喻并非“保民”思想的全部和实质。容民保民的目的是使民治民。《兑・象》说：“兑，说也……说以先民，民忘其劳；说以犯难，民忘其死。”这是说，君主和万民之间如果像两个相连通的泽水那样思想情感相互沟通，那么人民群众就会竭尽全力为统治者效力。可见,《周易大传》的保民思想和西周以来渐次发展起来的民本思想一样,以爱民重民为手段,以使民治民为目的。所谓“民为邦本”不是在政治生活中以民为主,给人民以权力,而是在君主统治人民的前提下,把人民看作政权的基础,要君主重视人民的作用,重视民心的向背,通过德政、教化、礼治甚至情感上的沟通,比较温和地、妥善地处理君民关系,由取得民心,到使用民力,以维护其统治。由此可见,《周易大传》的“保民”,没有突破儒家重民的局限,保持着西周以来的传统特色。

第三节 辨物与定民

《周易大传》认为,天地万物是错综复杂的,其本质特征是阴阳合德,刚柔交错。《系辞》说:“物相杂,故曰文”,又说:“刚柔交错,天文也。”由自然推及人事,人间事物也是交错纷繁。圣人化成天下,就必须“辨物”。《周易》就有这种神奇的功用。《系辞》:

> 夫《易》彰往而察来,而微显阐幽。开而当名、辨物、正言、断辞,则备矣。其称名也小,其取类也大,其旨远,其辞文,其言曲而中,其事肆而隐……

这节文字分两层说明《易》的神奇功用。(一)“彰往而察来,而微显阐幽”,以上句例之,下句当作“显微而阐幽”①。《韩注》曰:“《易》无

①朱熹《易本义》曾疑及于此,说:“而微显”,恐当作“微显而”。考上文“彰往”,“察来”;下文“阐幽”,均为动宾结构。作“微显”不如作“显微”与上下文之文法合。

往不彰，无来不察，而微以之显，幽以之阐。"《系辞》的作者把筮书《周易》视为具有理性功能的著作。以其彰往事，故能知来事，以其显事物初始之变化，故能阐明事物微妙的玄理。这是说《周易》总的功用。下文，第二层说这种功用的具体方面。（二）"开而当名、辨物、正言、断辞，则备矣"与"其称名也小，其取类也大，其旨远，其辞文，其言曲而中，其事肆而隐"，大体对应。"当名"与"称名"对应，均言卦名。"当"者，言卦名切当实事；"称名也小"者，言卦名多言细小的具体事物。"辨物"与"取类"对应，皆言卦象。"辨物"言卦象所表现之物理明晰；"取类"言观物取象关涉重大理趣。"正言"与"其言曲而中"对应。二者同谓卦爻辞言虽曲折，却切中事理。"断辞"与"其辞文"相应，言卦爻辞中有关吉凶悔吝的判断，虽饰以文采，却准确无误。以上"当名"、"辨物"、"正言"、"断辞"，分别从四个具体方面说明《周易》。正是因为这四者兼具，《周易》才"与天地准"，阐释万物之理完备。"其旨远"与"其事肆而隐"两句分别从理和事两方面设辞，讲的却是《周易》的同一特点。"旨远"言旨趣深远，"事肆而隐"言事虽显露张肆而理却幽隐深邃。在上述"当名"，"辨物"，"正言"，"断辞"四项之中，以"辨物"为关键，"辨"和"物"均有两层含义。一、就《周易》之卦象言。"辨"者，明也；"物"者，卦象也；"辨物"者，卦象明晰之谓。因为"八卦以象告"，卦象不明则事理不得；事理不得则"当名"，"正言"，"断辞"，均无从谈起。二、就"圣人"之取象言。"辨"者，别也，"物"者，客观世界之万物。"辨物"则仰观俯察以取其类，即所谓"其取类也大"。这样，在《系辞》的作者看来，《周易》的卦象就具有摹拟客观世界的作用；所谓的"辨物"，实际是辨别客观之物，具有方法论意义。推而言之，"辨物"是"圣人"化成天下的关键所在。

所以，《大象》的作者对《周易》最后一卦《未济》的阐发是"君子以慎辨物居方”。《来氏易注》云:“慎辨物,使物以群分,慎居方,使方以类聚,则分定不乱,阳居阳位,阴居阴位,‘未济’而成‘既济’矣。”案此就《未济》䷿之爻位而言。《未济》六爻均不当位。初三五阴爻居阳位,二四上阳爻居阴位。所以然者,未辨物也。故辨之使各居其位则成《既济》䷾。《既济·彖》说:“刚柔正而位当也。”《系辞》说“方以类聚,物以群分”。这两句既是对客观事理的概括,又提出了主观上“辨物”的方法。

《同人·大象》说:“君子以类族辨物”,进一步发明了“辨物”的意义。按照《周易大传》的卦象“理论”,《同人》䷌下离上乾,离为火,乾为天。天体在上,火炎向上,有火与天亲合之象,故卦名《同人》。同人者,人与人同,实为上下同。卦名《同人》而《大象》却说“以类族辨物”,确有精义。类,聚也;族与类意近。“类族辨物”亦即《系辞》所说:“方以类聚,物以群分。”这要结合《睽》卦的《彖》、《象》来理解:

> 《彖》曰:……天地睽而其事同也;男女睽而其志通也;万物睽而其事类也。睽之时用大矣哉。
>
> 《象》曰:上火下泽,睽。君子以同而异。

案《睽》䷥卦,下兑上离。按照《周易大传》的说法,兑为泽,离为火,泽水下润,离火炎上,事物运动的方向相反;又兑为少女,离为中女,二女同居一卦不相感应。从这两方面看,都有乖离之象,故卦名《睽》。《彖》传就卦名、卦象推论自然界:天在上、地在下,二者上下乖离,却共同创造万物,所以说“天地睽而其事同也”;又推论人事:男为阳,女为阴,二者阴阳对立,却有着相感求合的本性,所以说“男女睽而其志通也”;再论及万物,千差万别,各有特点,却各有同类，所以说“万物睽而其事类也”。《彖》传就《睽》卦阐释了天地万物睽中有合，异中有同的道理，《大象》却又进一步抽象、提升为“以同而异”的普遍方法。

什么是“以同而异”？有的说：“同中有异，乃宇宙事物之普遍规律。君子观此卦象及卦名，从而观察研究，综合事物之同而又分析其中之异。”①有的沿承荀爽“大归虽同，小事当异”的说法，认为《睽》卦说明了“谋求事物之大同，并存不可同之小异”的道理②。有的说：“《睽》卦揭示的道理是事物睽而合，有睽必有合……君子处于世上，要同中求异、保持自己的个性和特色。‘以同而异’与《论语》‘和而不同’的说法一致。”③上述三说也可说是“大同小异”。认为事物的普遍规律是同中求异，是其“大同”；认为君子处世，或合同析异，或求大同存小异、或同中求异，是其“小异”。均有一定道理。今录以备读者审度、选择。

在我看来，“以同而异”，就是用同来求异。以，用也，介词。“同”就某一类事物而言；“异”就万物总体而言。与“类族辨物”同意。“类族辨物”是比较具体的方法。“类族”即合同其族类；“辨物”即区分其物类。万物混杂，何以分辨？其法曰归类。如，把有生命的归于同一类，曰生物；把无生命的归于同一类，曰无生物。这样就把万物区分为生物和无生物两大类。在生物中，再把能行动的，归为动物；不能行动的归为植物。这样又把生物区分为动物与植物两类。在动物中，有脊椎的归为脊椎动物，无脊椎的归为无脊椎动物；再把脊椎动物区分为哺乳动物和其他类别。人们就是在对万物逐层的不断归类过程中把万物区分开来；这就是“以类族

①高亨《周易大传今注》，齐鲁书社 1979 年版，第 337 页。

②黄寿祺、张善文《周易译注》，上海古籍出版社 1989 年版，第 311 页。

③金景芳、吕绍纲《周易全解》，吉林大学出版社 1989 年版，第 274 页。

辨物”，也就是“以同而异”。“类族”，是把本质特征相同者归为同类，这就是“以同”。“辨物”，是分辨万物中不同本质特征，这就是“而异”。可见，对万物的分辨过程就是对具有相同本质特征的事物的归类过程。因为万物有不同的特殊本质特征，归类不是把万物归为一类，而是划出不同族类，这是分辨过程。“以同而异”表达了分辨万物的辨证认识。

我的这种理解还可以从《睽·彖》中的“万物睽而其事类也”得到证明。它的前两句分别就自然和人事举其大者言睽而有合，异而有同。这是一层涵义。这一句是合自然和人事统而言之，万物各不相同，但都禀阴阳二气，具刚柔之体，各有同类。如就大体而言，阳刚为一类，阴柔为一类。这不是天地创生万物的功用相同，也不是男女相感求合的本性相同，而是万物各都具有本质特点的相同。这是另一层涵义，是前一层涵义的深化。

再看《乾·文言》：“同声相应，同气相求。水流湿，火就燥，云从龙，风从虎，圣人作而万物睹。本乎天者亲上，本乎地者亲下，则各从其类也。”这是说万物之中所禀之气相同者，则为同类；同类则相从。水与湿同类，则流之；火与燥同类，则就之；云与龙同类，则从之；风与虎同类，亦从之。就其禀赋而言，或以天之阳气为主，则亲上，如火炎上；或以地之阴气为主则亲下，如水就下。“各从其类”，犹言以类相从，即《同人·大象》说的“类族辨物”。

再以《周易》的卦爻言之。八卦之中，乾为纯阳之卦，坤为纯阴之卦。其余六卦，震、坎、艮，一阳而二阴，称阳卦；巽、离、兑，一阴而二阳，称阴卦。是知八卦亦分类。一卦之中六爻，初、三、五为阳位；二、六、上为阴位，是知爻亦分类。卦爻的分类，反映着万物的分类。所以《系辞》说“方以类聚，物以群分”是兼《周易》的卦爻和宇宙中万物而言。根据上面的陈述，我们可以说“类族辨物”和“以同而异”说的是同一种“辨物”方法。其中，“类族”和“辨物”，“同”和“异”是相互对立又相互联系的两个方面。

把“类族辨物”的方法应用于人类社会，治国安民、化成天下，就要“辨上下，定民志”（《履·大象》）。这也是由天道推及人事。《系辞》说：“天尊地卑，乾坤定矣。卑高以陈，贵贱位矣。”《易》卦的乾坤表示天尊地卑；人类效法天地，亦应有尊卑贵贱之别。人类与其他万物不同，“人有气有生有知亦且有义”（《荀子·王制》），简言之，人类是有思想、有情志的。因此，要“辨上下，定民志”。

何以“辨上下，定民志”？曰：礼。《序卦》说：“物畜然后有礼，故受之以《履》”；《系辞》说：“《履》以和行。”从文字上看，履，人之行也；从《序卦》和《系辞》的解释看，《履》卦是讲人的行为规范的，也就是讲礼的。《周易大传》认为，人类群居而成社会，人与人之间存在着各种关系，而对“物”的占有欲望将导致人与人之间和谐关系的破裂。这就要有“礼”来调整关系，指导行为。这就是《序卦》、《系辞》所谓“物畜然后有礼”，“履以和行”的含义，也是《履·大象》“辨上下，定民志”的旨趣。所谓“辨上下”，是从社会地位上区别尊卑贵贱，是礼对人的行为的外在规范。所谓“定民志”，是要人们把外在的礼仪规范所反映的尊卑贵贱内化为心理上的认同，是礼对人的心理要求。这是儒家传统的礼治思想。孔子说：“道之以德，齐之以礼，有耻且格”（《论语·为政》）；又说：“克己复礼，为仁”，并且对“复礼”作了具体的解释：“非礼勿视，非礼勿听，非礼勿言，非礼勿动”（《论语·颜渊》）；又说：“上好礼，则民易使。”总的思想是，以礼辨尊卑、定名分、导言行，以达到化成天下，即“天下归仁”。战国晚期的荀子发展了孔子定名分的思想，说，人道在于有辨，“辨莫大于分，分莫大于礼”（《荀子·非相》）；又说：“礼者，法之大分，类之纲纪也。”（《荀子·劝学》）荀子强调“礼”区分尊卑贵贱的社会作用。

这种“辨物”、“定民”的礼治思想在《周易大传》中有着比较广泛的反映。《坤·文言》说：“臣弑其君，子弑其父，非一朝一夕之故，其所由来者渐矣，由辨之不早辨也。”这里的“辨”不应理解为“察”，而是“辨上下”之“辨”。在《文言》看来，君贵臣贱，父尊子卑，本宜分辨清楚，这样才使民心信孚。而春秋以来的“臣弑其君，子弑其父”等犯上作乱的社会悲剧，正是因为没有及早“辨上下，定民志”的结果。这是从负面讲违礼的社会效应，导致天下大乱。如从正面讲，“辨上下，定民志”则是天下化成的基本。《彖》传解释《家人》卦时说：

> 家人，女正位乎内，男正位乎外；男女正，天地之大义也。家有严君焉，父母之谓也。父父，子子，兄兄，弟弟，夫夫，妇妇，而家道正；正家而天下定矣。

按照《彖》传的说法。《家人》䷤，内离六二阴爻居阴位，且居中得正，故云“女正位乎内”；外巽九五阳爻居阳位，亦居中得正，故云“男正位乎外”。九五在上，男道也；六二在下应之，女道也。二爻的位置象征着宗法制度下男尊女卑的普遍原则，所以说：“男女正，天地之大义也。”它一方面体现着自然界的天尊地卑；另一方面也是社会生活中化成天下的基点。所谓“父父，子子，兄兄，弟弟，夫夫，妇妇”是说男女正而家道正；家道正而国治平，天下化成。其基本理路和《礼记·大学》的“正心、修身、齐家、治国、平天下”是一致的。

把这种家道正的思想，扩而大之，及于社会，则是君君臣臣的君臣之道。对此，有的《易》学著作已作了详赡的论述。其要点是：“《周易》的政治意识是君主主义的，或者说君主主义是《周易》政治思想的中心内容”;“《周易》的君主主义思想是贯彻始终,经传一致的。”[①]这里仅就《萃》卦《彖》传的有关思想略事说解,补充。按《萃》䷬卦的卦辞是:“亨,王假有庙。利见大人。亨,利贞,用大牲吉。利有攸往。”它只是记录了某位君王祭祀祖庙的活动,本无重要的政治内容。而《彖》传却加以发挥:

> 《萃》,聚也。顺以说,刚中而应,故聚也。“王假有庙”,致孝享也。“利见大人亨”,聚以正也。“用大牲吉,利有攸往”,顺天命也。观其所聚,而天地万物之情可见矣。

“顺以说”,以卦象释卦名《萃》的含义。《萃》下坤上兑。坤,顺也;兑,说也。故曰“顺以说”。“刚中而应”,以爻位释《萃》有聚义。或以上兑之九五居中,下坤之六二应之为说,仅六二一阴爻应之,很难说是“聚”。还是荀爽的解释符合《彖》传的本义:“谓五以刚居中,群阴顺说而从之,故能聚众也。”所谓“萃”或“聚”,是萃聚众人,而不是个别人或少数人的亲比。这才符合天地万物聚同的规律。《彖》传说“观其所聚,而天地万物之情可见矣”,依然是“方以类聚,物以群分”的意思。故王弼注曰:“情同而后乃聚,气合而后乃群。”从《萃·彖》可以看出,《周易大传》讲“辨物”,“定民”,还有下萃于上,民聚于君的问题。“辨物”、“定民”的第一层含义是在社会成员中区分君主和臣民,统治者和被统治者。简言之,即同之所以异之。这是上文已经讲过了的。其第二层含义是异之所以同之,即以“辨上下”达到萃聚臣民的目的。这样才能“上下交而其志同”(《泰·彖》),君主和臣民都做到“正位凝命”(《鼎·大象》),天下

---

①吕绍纲《周易阐微》,吉林大学出版社 1990 年版,第 216—217 页。

化成。

《周易大传》讲崇德以化民(教化),讲广业以保民(德政),讲辨物以定民(礼治),总的倾向是中国古代的民本思想。关于古代的民本思想,许多讨论中国传统文化和评价《周易》的论著说的已经很多了。受到时贤的启示,笔者以为,《周易大传》有关化民,保民,定民的思想,是西周以来民本思想的继续,而有别于战国时期孟子为代表的民贵思想。

早在西周初年,刚刚推翻殷商政权取得统治地位的周王朝的统治者,从历史的经验中认识到,重视民心比敬畏天命更具现实意义,提出了"哀(爱)于四方民"、"敬德"、"保民"的思想(《尚书·召诰》),开创了中国政治思想史上的民本思想的传统。春秋时期,民为邦本的思想几乎成了统治阶级的普遍认识。"民和而神降之福"①,"国将兴,听于民"②,"惟有德者能以宽服民"③的议论,屡见不鲜。到了春秋末期,孔子提出了"爱人"、"泛爱众"等主张,用心理上,情感上的人道原则来调整、维护处于崩溃局面的宗法等级秩序。其政治上的意义是反对过分的、残暴的压迫和剥削。经孔子提倡,民本思想广为流行,并为封建统治者肯定,接受。但这并不意谓着,民本思想为儒家所独有。略先于孔子的道家老子就说:"贵以贱为本,高以下为基。"(《老子·六十六章》)他所谓的"贵"、"高",指统治者(王侯);他所谓的"贱"、"下",指被统治者(人民)。接下来,他又说:"是以圣人欲上民,必以言下之,欲先民,必以身后之。"(同上)略后于孔子的墨家创始人墨翟主"兼爱",倡"非攻",建立了自己独特的政治理论,基本上是从"贱人"(被统治者)出发,但

①《左传》桓公六年载随大夫季梁语。

②《左传》庄公三十二年载虢史嚚语。

③《左传》昭公二十六年载郑子产语。

其宗旨是天下之民上同于天子。这说明，中国古代的民本思想，是中国古代社会阶级斗争、政治实践的产物，是不同学派观察君民关系，社会政治问题的思想成果。多数封建统治者肯定民本思想，许多思想家宣扬民本思想，并不是给被统治的人民以政治权力，而是因为他们清醒地看到，国无民不立，重视人民，是为了立国；保民，是为了统治。战国时期的赵威后就说过："苟无民，何有君。"（《战国策·赵策》）还是老子说的最透彻："圣人欲上民，必以言下之。"提倡民本思想，是封建君主政治的题中应有之义，是为封建政治统治服务的。我们对《周易大传》的"化民"、"保民"、"定民"，亦应作如是观。

西周以来的民本思想在战国时期有了比较明显的提高。这是因为，春秋中叶以来，古代社会的经济、政治发生着由缓慢进而急剧的变化。领主经济逐渐为地主经济所代替；与之相应，社会的阶级关系也发生变化。其中，重要的是，原来农奴身份的下层"贱人"在经济关系的变动中获得解放，统称之曰"民"。这时的"民"，大大不同于春秋以前的农奴阶级，已是取得了相对独立的社会地位的自由民。他们由经济束缚的解脱，进而要求政治上有所作为：反映在思想文化领域，就是墨子的"尚贤"和孟子的"民为贵"。关于墨子"尚贤"，上文已有简略评述，简要说来，它反映着被统治的人民参与政权的要求。这就为战国时期的民本思想增添了新的内容。当然，墨子的政治思想是矛盾的；他既为下层"贱人"呼吁，又为统治者谋划。这个复杂问题，非本书讨论的内容，兹存而不议。关于孟子的"民为贵"，可以说是震铄古今的光辉命题。他向当时残害人民、盘剥人民的统治者慷慨而郑重地宣告："民为贵，社稷次之，君为轻。"（《孟子·尽心下》）联系孟子"君之视臣如土芥，则臣视君如寇仇"（《离娄下》），"闻诛一夫纣矣，未闻弑君也"（《梁惠王下》）

等言论，我们不能认为孟子的民贵君轻思想，仅仅是民的问题比君的问题重要；还应该看到，这是在理论上(也只能在理论上)把传统的君贵民轻的观念颠倒过来，从而把西周以来的民本思想，推进到新的境地，以致成为整个封建社会中的众多民本理论难以逾越的制高点，直至今天，还放出耀人的光辉。《周易大传》基本形成于战国晚期，它融汇了儒道阴阳各家的理论，在许多方面有自己的贡献。似乎它的作者们在政治上比较迟钝，没有感受到民本思想的新发展。可以说依然固守着西周以来民本思想的老框框。这在浪涛激荡的战国时期的民本思潮中，未免显得逊色。

第六章　观象、取类与相推

有的学者指出："《周易》为传统文化奠定了基本的思维模式。"①什么是传统文化的思维模式？在学术界讨论的基础上，我的理解是，经验直观型的意象思维。《周易大传》基本形成的战国后期恰是中国传统文化形成的"轴心时代"。在不同地域、不同学派文化的冲撞、交流、融汇过程中，《周易大传》以解释《周易古经》的形式，为中国传统的思维方式主要是意象思维的形成奠定了基础。其中有值得我们继承、发扬的积极内容，也有应该改造、扬弃的消极内容。下面，就"观象与立卦"，"取类和感通"，"变通和相推"三个问题分别加以讨论。

第一节　观象与立卦

《系辞》说："《易》者，象也"；"八卦以象告"。这是说，以八卦相重相推而构成的《周易》主要是通过卦象来表现作《易》者（圣人）的

①蒙培元《中国传统思维方式的基本特征》，载《中国思维偏向》，中国社会科学出版社1991年第1版，第25页。

思想观念的。可以说，《易》卦是传统意象思维的典型形态。

关于《易》卦的来源，《系辞》中的两节文字，肯定其为客观世界天地万物的摹拟。这两节文字是：

> 古者包牺氏之王天下也，仰则观象于天，俯则观法于地，观鸟兽之文，与地之宜，近取诸身，远取诸物，于是始作八卦，以通神明之德，以类万物之情。
>
> 圣人有以见天下之赜，而拟诸其形容，象其物宜，是故谓之象。圣人有以见天下之动，而观其会通，以行其典礼，系辞焉以断其吉凶，是故谓之爻。

这两节文字，内容相近，旨趣相同，主要说明《周易》卦象来源于天地万物的物象。我们分两层理解。

（一）观象，即圣人观天地“法象”，观“天下之赜”，“观天下之动”，“观其会通”。所谓天地“法象”，不应仅仅理解为天地万物的外在表象，而应与“地之宜”、“物宜”合观。天有天之宜，地有地之宜，物有物之宜，“物宜”者物之理。所观者，有外在表象，更有内在之理。“天下之赜”和“天下之动”亦应合观。“天下之赜”言天地万物的微妙变化，这个变化正是因“天下之动”而存在。“天下之动”言天地万物在不断运动，这个运动蕴涵着微妙的道理。某些论述《周易》观物取象的文章和论著仅仅取“圣人有以见天下之赜……是故谓之象”为说，舍去“圣人有以见天下之动……是故谓之爻”，未明《系辞》作者的用意和行文之法。“是故谓之象”与“是故谓之爻”，当为互文。爻为体象之爻，象为明爻之象，不可割断来理解。总之，所谓“观象”，不只是观天地万物的外在表象，更要观天地万物的内在变化规律，简言之，“观其会通”。这是《系辞》思想深刻之处。

然而，我们却不能以此断定《系辞》乃至《周易大传》认为圣人所观之“象”仅仅是天地万物之“物象”。《系辞》还有一节常常被人们忽略的文字：

> 是故天生神物，圣人则之；天地变化，圣人效之；天垂象，见吉凶，圣人象之；河出图，洛出书，圣人则之。《易》有四象，所以示也……

这节文字表明，在《系辞》作者看来，圣人所观之“象”有四类，即《易》卦有四个来源：一是“神物”，指蓍数，这是对《易》卦来源的正确解说；二是“天地变化”，是《系辞》作者在《易》卦来源中注入的唯物论思想；三是“天垂象”，主要指天象的变化，我们不能说《系辞》在宣扬天神指示人间吉凶祸福的迷信观念，但多少带有神秘色彩；四是河图洛书，它说明《系辞》沿袭着远古的迷信传说。我们可以看出：一、四两项和二、三两项在《易》卦来源上表现出两种对立的倾向。前者认为源于蓍数和“图”、“书”；后者认为源于对天地万物的摹拟。尽管《系辞》在其他地方反复强调，《易》卦起源于对天地万物的观察，但对《系辞》中《易》卦源于“神物”说我们却不应忽视。可见，《系辞》对象的理解，也不是单纯的客观物象，还包含着蓍数变化。对此，下文将有所评述。加之《说卦》：“昔圣人之作《易》也，幽赞于神明而生蓍”，我们应该说，《系辞》乃至于《周易大传》关于《易》卦的来源是持“二源”论的。我们这样说，无意否认《系辞》在中国文化史上的积极贡献，只是为了对问题的讨论更全面，更缜密，以便较为科学地评价它对传统思维方式的贡献。

（二）立卦，即“始作八卦”。“圣人”观象立卦的方法，有一种是

“拟诸其形容”,用《易》卦表现天地万物的外在表象。这种方法用汉字学“六书”的术语,可以说接近于“象形”,有的“近取诸身”,如《颐》䷚卦。《周易集解》引郑玄注:“颐,口车辅之名也”,犹言口腮。《说文》:“颐,篆文𦣞。”段玉裁注曰:“此文(𦣞)当横视之,横视之则口上,口下,口中之形俱见矣。”有的“远取诸物”,如《鼎》䷱卦。《释文》曰:“《鼎》,法象也,即鼎器也。”可知《鼎》卦取象于烹饪之鼎器。细审之,初爻象鼎之三足只见其二;二、三、四爻象鼎中实物,五爻象鼎之双耳,上爻象鼎之铉。但在《系辞》的作者看来,《周易》六十四卦中更多的不是对具体物象的摹拟,而是“象其物宜”,用卦来表现天地万物的内在性质和变化规律。这是《系辞》总结的“圣人”观象立卦的第二种方法,也是其基本方法。如《乾》䷀表现天具有不断运行的刚健性质;《坤》䷁表现地具有涵容万物的宽顺美德;《复》䷗表现天下万物循环往复的普遍规律;《睽》䷥表现事物之中两种对立乖离的倾向和离中有合的道理;等等。

可见,卦主要的不是对天地万物具体形象的摹拟,而是对天地万物之理的抽象,是一种符号化的抽象。卦是符号。这种符号化的抽象与一般的抽象,科学意义的抽象,有两点不同。

其一,一般的抽象必需舍去思维对象的具象因素,它以概念表示事物的共同本质。正如马克思说的:“我们从现实的苹果、梨、草莓、扁桃中得出‘果实’这个一般的观念。如果再进一步想象我从现实的果实中得到的‘果实’这个抽象观念就是存在于我身外的一种本质,而且是梨、苹果的真正本质。”①“果实”这个概念,概括苹果、梨、草莓等各种果实的本质;但不反映它们其中任何一种果实的具体形象。同样,“革命”这个概念概括历史上一个阶级推翻另

①《马克思恩格斯全集》第二卷,人民出版社 1957 年第 1 版,第 71—72 页。

一个阶级统治的共同本质，但不反映历史上任何一个革命的具体情形。而《易》卦这种符号化的抽象则含有具象因素。如：

> ䷝《离》。
>
> 《彖》曰：《离》，丽也。日月丽乎天，百谷草木丽乎土。重明以丽乎正，乃化成天下……
>
> 《大象》曰：明两作，《离》。大人以继明照于四方。
>
> ䷢《晋》。
>
> 《彖》曰：《晋》，进也。明出地上。……
>
> 《大象》曰：明出地上，《晋》。君子以自昭明德。
>
> ䷣《明夷》。
>
> 《彖》曰：明入地中，《明夷》……
>
> 《大象》曰：明入地中，《明夷》。君子以莅众，用晦而明。

《彖》、《大象》解释《离》、《晋》、《明夷》三卦都是依据《说卦》："离，为日。"日具光明之象。☲作为符号代表"日"，以具体的"日"的形象进入《离》、《晋》、《明夷》三卦之中。因此，《离》卦方有"重明"之意，"明两作"之意；《晋》卦方有"明出地上"之意；《明夷》才有"明入地中"的意义。可见，卦，作为抽象的符号并没有舍去具象，并非科学意义的抽象。

其二，一般的抽象必需摒弃思维主体的主观意向。它是对具体事物共同本质的客观概括。在科学的抽象活动中，思维主体的愿望、情趣，不起决定性的作用。这样说，并不等于绝对地摒弃思维主体的主观因素。因为当被思维的客体一旦进入感知、思维活动中，它不可避免地染上人的主观色彩。但是，科学的抽象不是随意的，具有历史的确定性。今天，我们不能因厌恶动物中的某一物种，如老鼠、鳄鱼，而把它们摒弃于动物之外。反之亦然，我们也不能因为钟爱某种客观实物，崇尚某种宗教理论而改变其属性或掩盖其实质。而《易》卦则不然，它有很强的主观随意性，卦的意义不是本来如此，只能如此；而是应该如此，可能如此。卦象的意义是不确定的。在这方面《大象》解卦具有代表性。如前所述，《大象》解卦，先说卦象，然后从中发挥有关政治、伦理、道德、修养方面的议论。如：

> ䷞《咸》。
>
> 《象》曰：山上有泽，咸。君子以虚受人。

按《说卦》所列的卦象，艮为山，兑为泽。为什么《咸》卦的下艮与上兑相感呢？孔颖达的解释是："泽性下流，能润于下；山体上承，能受其润。以山感泽，所以为《咸》。"（《周易正义》）我们再看䷨《损》卦。《损》卦是下兑上艮。诚如《大象》所说的"山下有泽"。如果按照《咸》卦的逻辑，应释为："泽性下流，而润于下；山体上承，未受其润。山泽不相感，所以为《损》。"可是《大象》却说"君子以征忿窒欲"。孔颖达也改变了说法："泽在山下，泽卑而山高，似泽之自损以崇山之象也。"（同上）又《说卦》："山泽通气。"既然说"山泽通气"，就不是泽在山上而"通气"，泽在山下则不"通气"。《损》卦山下有泽，亦应通气相感。这样，《损》卦究竟是如《大象》所说的有减损的意义，还是按《说卦》的说法有"通气"相感的意义，还是如笔者按孔氏的逻辑推论的"山泽不相感"而有乖离的意义呢。很显然，卦象给人们提供的意义是不确定的。

所以如此，是卦象作怪、捣鬼。《周易》六十四卦是由☰、☷、☳、☴、☵、☲、☶、☱所谓八经卦两两相重组成的。按照《说卦》，每一经卦代表自然、社会、人事多种事物，具有多种意义。由经卦相重而成的别卦可有多种理解。如䷢《晋》，下坤上离。依《说卦》，“坤为地、为母”，“离为火、为日、为电、为中女”。对《晋》卦，我们可以像《大象》那样理解为“明出地上”，有晋长之意；也可以理解为“地上有火”，或“母育中女”。又如，䷊《泰》，下乾上坤。乾为天、为君、为父；坤为地、为众、为母。为什么《大象》说《泰》卦卦象是“天地交”，而不是君臣（众）遇合，也不是父母交媾？对这类问题，《大象》没有回答，也难以回答。即使有的论者作这样解释：“天地交”，即阴阳二气相感，代表着君臣遇合，父母交媾，意义相同，可统而言之。对此，我们还可以按照《说卦》提出：“乾为首”，“坤为腹”，《泰》卦的下乾上坤，是否可以说其人首下于腹。这样提出问题可能有些滑稽。可是《庄子·人间世》中描述的支离疏，就是一个“颐隐于脐，肩高于顶，会撮指天，五管在上，两髀为胁”的怪人。既然“《易》与天地准”，穷尽万物之理，当然也应涵有“首下于腹”的“怪象”。可见，不是我们的问题滑稽，倒是《周易大传》把筮书《周易》绝对化，必然引出许多滑稽来。也许有人会说，这样提出问题是不通《易》理。的确，笔者对于《周易大传》中夹杂巫术的“理”并非完全赞同，也不予恪守。本书引述《周易大传》的原文，有的是为了“以子之矛攻子之盾”，以《说卦》之“矛”攻《大象》之“盾”。“反戈一击”，似乎能看出《周易》经传的究竟。这是因为，《大象》乃至《彖》、《系辞》对卦象的解释，不是探求卦的确定意义，而是满足于作者们认为有价值的主观意愿，是一种随意性解释。

这种随意性，不是绝对的“随意”，它由《周易大传》作者的学术倾向所决定。本书第二章已经指出，《周易古经》本无卦象。卦象是春秋时期人们利用筮书《周易》占断吉凶时的发明创造。它在春秋时还是鸡零狗碎的片断。至战国时期，经《周易大传》的总结方形成弥漫于《周易》六十四卦说解的“理论”。从这种卦象理论涉及广泛来看,可以说有“系统性”的一面;但就其任意取象一面看,又不成其为严整的“系统”理论。而决定其取象立意的恰是作者们的儒家学术立场。在这个问题上,《大象》具有代表性。我们以《大象》对涵有巽☴的十五卦的解说为例,加以说明:

风行天上,《小畜》。君子以懿文德。
山下有风,《蛊》。君子以振民育德。
风行地上,《观》。先王以省方观民设教。
泽灭木,《大过》。君子以独立不惧,遯世无闷。
雷风,《恒》。君子以立不易方。
风自火出,《家人》。君子以言有物而行有恒。
风雷,《益》。君子以见善则迁,有过则改。
天下有风,《姤》。后以施命诰四方。
地中生木,《升》。君子以顺德,积小以高大。
木上有水,《井》。君子以劳民劝相。
木上有火,《鼎》。君子以正位凝命。
山上有木,《渐》。君子以居贤德善俗。
随风,《巽》。君子以申命行事。
风行水上,《涣》。先王以享于帝立庙。
泽上有风,《中孚》。君子以议狱缓死。

按《说卦》:“巽入也”,“为鸡”,“为股”;“巽一索而得女,故谓之长女”;又说:“巽为木,为风,为长女,为绳直,为工,为白,为长,为高,为进退,为不果,为臭,其于人也为寡发,为广颡,为多白眼,为近利市三倍,其究为躁卦。”在《说卦》所列十九项卦象中,《大象》在解说上述诸卦时，对巽仅取二象，取“巽为风”者十处；取“巽为木”者五处。《大象》为什么多取“巽为风”之象？我们从《大象》的义理发挥可以看出其用意。对这十卦的义理发挥是：“以懿文德”、“振民育德”、“省方观民设教”、“立不易方”、“言有物而行有恒”、“见善则迁，有过则改”、“施命诰四方”、“申命行事”、“享于帝立庙”、“议狱缓死”。不难看出，《大象》取巽为风之象有两点用意。其一，风为自然物象，有利于以天道说人事；其二，就字义而言，风有风范，风教、风化、风俗，风格等意义，与其所发挥的义理，有意义上的联系。这正是儒家强调伦理教化，道德修养，礼治德政等一系列思想理论的巧妙表述。其中，“享于帝立庙”，反映了宗法制度下天神崇拜观念；而“议狱缓死”则把法家的严刑峻法纳入或者改造为儒家的德政礼治的治国理论。这恰是儒家后学面对法家挑战的一种反应。《大象》释此十卦取“巽为风”，而不是取其他物象，是随意的；从其用以宣扬儒家政治伦理、道德教化思想看，又可以说是“不随意”的。所谓“不随意”，并非意谓着其取象有客观依据，因而是确定的；只是说其取象为作者总的学术立场、思想观点所决定。在本质上，其所“随”者仍是主观之“意”。尽管《大象》的取象立意对古人的道德修养，教化，民俗是有价值的，有意义的。但这类价值和意义，并非卦象自身所具有，更非自然物象所具有，它们是作者主观意向向《易》卦的投入。这说明，以《大象》为代表的《周易大传》的卦象理论，不是认识论的，而是价值论的。

这样，我们可以进一步就《周易大传》的观象立卦对民族思维方式的作用进行简要地评论。

首先应该明确，《周易大传》的观象立卦就思维的主导倾向而言，属于经验直观，这恰是传统思维方式的重要特征。

人，作为主体对外部对象世界的把握是从观察开始的。任何民族的思维活动都要以对外部世界的感性直观为基础，经过加工，提升为理性认识；所不同的是，对直观得来的经验要经过怎样的加工，才提升为理性认识。中华民族进入文明时代以后，经过漫长的思维历程，在春秋战国时期，思维方式已具雏型。儒道两家的创始人——孔子和老子都很重视对自然和社会的直接观察，以经验直观作为思维活动的起点，对思维对象作整体把握，以获取理性认识。孔子说："智者乐水，仁者乐山。智者动，仁者静。"(《论语・雍也》)他从观察自然山水的总体特征——动静中，体悟出与主体人的精神品格有关的抽象意义——智和仁。孔子所观察的水和山已经不只是单纯的具有动和静总体特征的自然物，同时还获得了与自身相联系的主体性内容——智和仁。一部《论语》记录了孔子及其门弟子的言行，反映了他们对社会政治生活的高度重视和思考，其思维的结果大多导致主体个人的道德修养，和通过个人的道德修养来实现其政治上的最高理想——仁。可见，孔子所代表的儒家，一开始就踏上了整体直观、道德体验的价值论的思维路径。

稍前于孔子的老子也是以整体直观作为把握对象世界的起点。他说："以身观身，以家观家，以乡观乡，以邦观邦，以天下观天下。"(《老子・五十四章》)还说："天下莫弱于水，而攻坚者莫之能先"(《老子・四十三章》)；"上善若水，水利万物而不争，居众人之所恶，故几于道矣。"(《老子・八章》)他正是从对社会生活和自然事物的整体直观中得出"夫惟不争，故无尤"(《老子・八章》)和"弱者道之用"(《老子・四十章》)的理性认识。

孔老思维的共同之处是在经验直观的基础上进行抽象，但又不舍弃具体形象。他们从山、水、家、乡等具体事物中抽象出来的一般认识，是用"仁"、"义"、"弱"、"不争"等概念表达的，但又辅之以山水等具体物象。这就在大体上规定了民族思维基本模式。战国时期的不同学派，尽管学术立场尖锐对立，相互驳难，究其思维方式，很少例外。墨子及其后学重视抽象和概念分析，但其类比推理仍借助于具体形象。孟子对世界的认识基本上沿承着孔子的思路，又进一步向主体内心体验发展。庄子更是以直觉体悟为其思维方式的主要特征。荀子提出了“夫道者体常而尽变，一隅不足以举之”，“蔽于一曲而暗于大理”(《荀子·解蔽》)，指出具体的“一曲”、“一隅”妨害着对普遍的“大理”的认识。但他所谓的“一曲”和“一隅”既和抽象的“大理”相对待，又和事物的全体相对待。应该说，荀子对抽象在认识活动中的意义还不是十分明确的。人们不自觉地应用具体形象辅助着抽象思维活动的进行。

就是在这样的思维背景下，《周易大传》阐释了观象立卦的思想，并且认为以六十四卦组成的《周易古经》弥纶天地之道，穷尽一切真理。它明确提出，“《易》者，象也”，“八卦以象告”，“圣人立象以尽意”，对古人用以占问的特殊符号——卦作了理论上的解释，把《周易古经》中的卦与民族思维活动的具象化因素用“意”和“象”及其联系加以概括，为今世学者所总结的“意象思维”第一次提出了明确的概念。此后“因象见意”、“得意忘象”、“象外之意”等意象思维的一系列命题迭相产生，对中国古代的哲学思想，美学理论，文学艺术发生着深远的影响。可以说，《周易大传》的观象立卦对民族思维模式——意象思维的形成具有奠基作用和里程碑的意义。

对《周易大传》观象立卦的评价不应仅限于此，还要考察它为民族思维模式提供了哪些内容，并且要科学地分辨其中的积极因素和消极因素。准此，我们看到，它的观象除了观自然之象、社会之象，还要观神物之象——蓍数的变化。这当然与《周易古经》的神秘主义直接相关。《周易大传》对古代筮数所作的种种解释，实际上是迷信观念在新的形势——春秋战国理性思潮冲击下的存留。这和当时的思想大师比较，多的是神秘主义，少的是理性精神。这种神秘主义不能不说是民族思维发展中一个极为有害的因素。同时，我们又看到，它的立卦是一种符号化的抽象，并非科学意义的抽象。在认识理论上，这种抽象是介于感性和理性之间的“取象”，属于感性和理性之间的知性范畴。它力图用有限的六十四卦及其变化去把握无限的客观世界，用具体符号去概括、喻指复杂生动的现实生活及其内在规律。这就把民族思维的抽象方式引向了始终纠缠着具象的偏向。

于是，问题便接触到评价《周易大传》观象立卦的实质，这就是它对民族思维的科学化、对民族思维的发展起着怎样的作用。正如有的学者所指出：“它促进了中国人的意会、体悟能力的发展；它对于人们凭借经验领悟自然界特别是社会人生现象中某些不可言喻的深层意境，有着引导和升华作用；对于中国文化在人际和代际之间的经验性传播，起了积极作用。但是，正因为象征性思维的意会性和非精确性却妨碍了中国人的思维向高度思辩方向发展。而意会性和经验性的粘合，则妨碍了以抽象概念为理论基因，依逻辑规则进行构造，必须也可以用语言准确表述的近代自然科学的产生。”①在今天，科学技术是第一生产力的时代，建构符合科学发展的民族思维方式，《周易大传》的符号化意象思维中的神秘性，非精确性的消极作用就更加明显了。

①李宗桂《中国文化概论》，中山大学出版社 1988 年版，第 314—315 页。

第二节　取类与感通

《周易大传》的意象思维就方法而言是“取类”和“感通”。

先说“取类”。

《系辞下》说:“夫《易》彰往而察来,显微而阐幽……其称名也小,其取类也大。”这是说,《易》之所以有彰明往事,预见未来,以断吉凶的作用,主要因为它用细小的具体的事物类比说明重大的普遍的道理。韩康伯注曰:“托象以明义,因小以喻大。”可知,取类明义是《周易大传》意象思维的基本方法。这在逻辑学中称为类比推理。

类比推理是这样一种方法,它依据两个对象一系列属性的相同,由其中一个对象具有某种属性而推知另一对象也具有某种属性。这种推理方法的客观基础是事物各方面的属性的相互联系、相互制约。当某一事物具有某些属性,它亦应具有与那些属性相关联的属性。因此,类比推理是人们认识未知事物的重要方法。但是类比推理的结论有的真实,有的虚假。这是因为,用以类推的事物之间属性的相同点有的多,有的少;有的是本质属性的相同,有的是非本质属性的相同。相同属性多的,其结论的可信性就大,反之,结论的可信性就小;由事物之间非本质属性的相同所类推出的结论可信性就小,反之,事物之间本质属性相同,推出的结论可信性就大。可见,类比推理是不缜密的,它的结论是或然的。它的产生和应用是人类思维不够深刻、不够缜密的反映。中国古代由于生产方式的局限,人们只能从整体上把握个别对象之间,类别对象之间的相同的属性和相异的属性。

先秦时期，人们经常运用类比推理，尤其是儒家。孔子说："为政以德，譬如北辰，居其所而众星拱之。"（《论语·为政》）这是由北极星居于群星中心的位置，推论出君主亦应是臣民拱卫的对象，但其条件是实行德政。孟子说："今有无名之指屈而不信，非疾病害事也。如有能信之者，则不远秦楚之路，为指之不若人也。指不若人则知恶之；心不若人则不知恶。则此之谓不知类推。"（《孟子·告子上》）孟子由"指不若人则知恶之"推出"心不若人"尤其当恶之，并且提出"类推"的概念。孔子的类比推理体现了儒家关于自然和人事相通的普遍观念，侧重把自然人化。孟子的类推体现了儒家内省的致思方向。孔孟的类比推理共同暴露了这种推理方法的不严密性。以孟子的类推为例，他的根据是手指与人心同为人体的一部分，视为同类。但是，他所谓的"心"指人的思维器官（孟子曾说："心之官则思。"），并非心脏。手指与人心虽同是人体器官，本质属性却不相同，前者进行实体活动；后者掌管精神活动。恶"指之不若人"，正是"心"的活动。恶"指不若人"与恶"心不若人"并非同类。孟子的类推是主观的，武断的，所以有的学者称孟子的推理是"比附逻辑"①。由此可以看出，儒家以"天人合一"观念为前提的类比推理，容易产生异类比附的谬误。儒家孔孟用类比推理所得出的结论，有些是动人的，有些是有益的，是我国古代优秀的文化遗产；但是他们的类推方法却未必全都合乎逻辑。这种类比推理的广泛应用，造成了人们习惯于不精确判断，满足于主观比附的思维定势。这种主观比附在《周易》经传中表现得尤为突出。

《周易古经》占断吉凶，从本质上说，它是不讲逻辑推理的；但有的卦爻辞却与类比推理有关。《周易古经》的部分卦爻体现了这

①侯外庐、赵纪彬、杜国庠著《中国思想通史》第一卷，人民出版社 1957 年版，第 409 页。

样一种“思维逻辑”：如果卦爻辞中所记录的事情具有某种趋向（如吉凶悔吝），那么，筮得此卦或此爻者无论筮问什么，也将会出现卦爻辞所贞断的倾向。这就是以往事与未来类比；这就是上引《系辞》说的“彰往而察来”。如：

> 《旅》上九，鸟焚其巢，旅人先笑后号咷，丧牛于易，凶。

关于《旅》上九爻辞，高亨先生认为，记殷王亥故事。“鸟焚其巢者，喻旅人之焚其居也”；“旅人先笑而后号咷者，王亥先逞淫乐而欢笑，后临被杀而号哭也”；“丧牛于易者，失其牛于有易也。”①《周易》的编辑者把殷王亥的故事录作爻辞，其用意是以史为鉴；对占断而言，是以往事类推未来，凡筮得此爻者凶。这种类比推理的不可信是明显的。因为占问者各方面的情况与“旅人”（即王亥）有多少相同，是否有本质属性上的相同，《周易》的编辑者是不予考虑的，因而也不作说明。它的“逻辑”是，筮遇此爻就是占问之事与爻辞所记往事的绝对相同。这就是它类推的根据。作为占筮之书，这种无类逻辑是可以理解的，它的占断吉凶不是理性的产物，它的非逻辑性是必然的。

然而，《周易大传》与《周易古经》却有所不同。它力图对《周易古经》的卦爻辞作出符合理性的解释，作出有根据的逻辑推理，作出有思想意义的引申发挥。我们还是以《旅》卦为例：

> ䷷《旅》：小亨，旅贞吉。
>
> 《彖》曰：《旅》小亨，柔得中乎外而顺乎刚；止而丽乎明。

---

①《周易古经今注》（重订本），中华书局 1984 年版，第 328 页。

是以"小亨，旅贞吉"也。旅之时义大矣哉。

《象》曰：山上有火，《旅》。君子以明慎用刑，而不留狱。

《彖》传要从卦辞"小亨，旅贞吉"的解释中发挥"旅之时义大矣哉"的义理；《象》传要从卦里引申出"明慎用刑，而不留狱"的刑罚观念。这就在《彖》、《象》的作者面前提出了一系列问题：第一，卦辞简短，如何发挥义理？第二，卦辞与六爻爻辞各有占断，如何统一起来？第三，如何使这种引申发挥体现作者的主导思想。这一切，在卦爻辞中很难找到根据，即使偶尔引申字义也难自圆其说，只有在卦上打主意、想办法。于是《周易大传》的作者们沿承并总结了春秋人的卦象说，又发明了一些新的招法。这就是"刚柔"、"爻位"、"当位"、"得中"、"承乘比应"等。所谓"刚柔"一指爻之刚柔，阳爻为刚，阴爻为柔；二指卦之刚柔，阳卦为刚，阴卦为柔。《系辞上》说："刚柔相摩"，即指卦中阳爻和阴爻相互交错，推移；《系辞下》说："阳卦奇，阴卦偶。其德行何也？阳一君而二民，君子之道也；阴二君而一民，小人之道也。"即指阳卦和阴卦。所谓"爻位"，指每卦六爻分别处于初、二、三、四、五、上六个不同地位，它们或者象征事物发展从初始到完成的不同阶段；或者象征具体事物在总体中所处的地位。《系辞下》说："变动不居，周流六虚，上下无常，刚柔相易，不可为典要，惟变所适。"主要是说：卦中之爻是不断变动的，在六位的变动中显示出事物的发展阶段。又说："三与五，同功而异位，三多凶，五多功，贵贱之等也。"这是说，卦中第三爻居下卦贱位之极，故多凶；五居上卦之中，属尊位，居尊位而又得中，故多吉。所谓"当位"，指一卦之爻位有奇数位，有偶数位，初三五为奇数位，为阳位；二四上为偶数位，为阴位。阳爻居阳位，阴爻居阴位，为当位；反之，阳爻居阴位，阴爻居阳位，为不当位。《系辞下》

说:“爻不当,故吉凶生焉。”这是说,阳爻居阴位或阴爻居阳位,就是不当位,故凶;反之则吉。所谓“得中”指卦分上下,就爻位而言,二处下卦之中,五处上卦之中。如阳爻处二、五中位,则称“刚中”,有刚中之德;阴爻处二、五中位,则称“柔中”,有柔中之德。这是“刚柔”和“爻位”结合起来的招法。所谓“承乘比应”是就六爻位次之间的关系而言。上下爻之间,下爻对上爻叫作承,表以下承上的关系;上爻对下爻叫作乘,表以上乘下的关系。两爻相接谓之比,如初与二比,二与三比……上下卦的三个爻之间两两对应,叫做应,如初与四应,二与五应,三与上应。还有其他各种招法,兹不赘述。

这些招法被后人称为读《易》要例。的确,读《周易大传》不懂这些招法很难领会其中“奥秘”。《周易大传》的作者们企图用这些招法为他们解释《周易》,发挥义理,制造“推理”根据,为《周易》的占筮巫术涂上一层“理性”的釉彩。然而,我们却看到,这些招法并不反映客观事物的某种属性和事物之间的真实联系,而是为了解释卦爻辞和发挥义理的主观臆造。因此,应用它们来解释卦爻辞,不同招法之间相互抵触,同一招法不能通贯六十四卦三百八十四爻。据此,笔者认为,这些招法不能成为《周易大传》类比推理的真实依据。

上文引述了《彖》传和《象》传对《旅》卦的解说。《象》传用卦象为说,本章第一节已有详论。现在我们看《旅》卦《彖》传:“柔得中乎外而顺乎刚。”六五为主爻,故以六五释卦。六五阴爻居上卦之中,上卦又称外卦,故曰:“柔得中乎外。”六五以阴爻上承上九阳爻,故曰:“而顺乎刚。”“止而丽乎明”,是以卦象释之。下艮为止,上离为明,故《旅》卦有止而明之象,故曰:“止而丽乎明。”由于《彖》传运用刚柔,得中,卦象为说,《旅》卦的“微言”就获得了行旅之时的“大义”:“处旅之道,审机度势,贵于明也。待人接物,亦贵于明也。然明不可以独用,故必以止静为本而明丽也。”(《周易折中》)对《彖》传的解说,我们不禁要提出下列问题:(一)以“得中”言之,六五居上离之中叫做“柔中”,可谓之“小亨”。那么以“爻位”言之,六五阴爻为小人居君上之位,有小人犯上之象,当断之曰:凶。为什么不取小人犯上之象?(二)以“当位不当位”言之,六五阴爻居阳位,不当位,亨从何来?(三)以“承乘”言之,六五阴爻居九四之上是谓柔乘刚,亦属小人凌乘君子,亦不当亨。(四)以内外相应言之,六五、六二均为阴爻,二者不相应,又叫敌应,亦不当谓之亨。且《旅》六五爻辞:“射雉,一矢亡,终以誉命”,即使如注家所说:“虽不无亡矢之费,而所丧不多,终有誉命也”(《易本义》);以“一矢亡”言之,当谓之“悔”,以“终以誉命”言之,当谓之“亨”。“一矢亡”所悔者小,“终以誉命”则亨者大,怎么能说“小亨”呢?《彖》传的各种说法很难统一,因而也很难令人信服。

我们再看《彖》传对《周易》六十四卦上承上九之六五诸爻的解释。在《周易》中凡以阴爻居上卦之中而上为阳爻者,共十六卦。《彖》对诸卦的解说有以下几种情况:(一)以“柔得中而应乎刚”为说者有《大有》、《睽》、《鼎》、《旅》四卦。其中《大有·彖》的“柔得尊位而大中,而上下应之”,指六五一阴与其他五阳爻相应,非指六五与上九相应。(二)以“得中”为说者有《噬嗑》、《离》。(三)以当位不当位为说者有《未济》,曰:“虽不当位,刚柔应也。”(四)以相应为说者有《艮》,曰:“上下敌应,不相与也。”(五)以刚柔为说者有《蛊》、《贲》、《剥》、《晋》;以卦象为说者有《蒙》、《大畜》、《颐》、《损》。其间兼用他说者多有。真是五花八门,莫衷一是,可谓“不可为典要,惟变所适”。

关于《周易大传》的“取类”,长期以来,人们基于传统的天人合一观念,习惯于以自然推论人事;而且欣赏经类推得出的某些思想、观点，认为这种类推为中华文化宝库增添了珍贵的遗产。对此，笔者并不否认。《周易大传》以其特有的类推方法，的确得出了许多对民族文化具有积极意义的思想观点。但这是问题的一面。另一面是，这种特有的类推方式以及为了这种类推而制造的所谓“依据”，同样对民族文化产生影响，而且是更深刻的影响，它影响着民族的思维方式的科学化进程。《周易大传》类推思维的无理性，不精确性，根据的不真实性，本来不难被正常人们所识破。但由于这种无理性，不精确性和不真实性被涂上了三层釉色，以至很难发现。一是《周易》的经典地位；二是《周易》经传是圣人之言；三是其内容有积极因素。加之传统思维本来就具有对不精确性的容忍，对不真实性的忽视，而追求一种整体的功能的意象的把握。于是《周易大传》的取类，以及它所代表的传统类推思维对民族文化的作用是双重的，矛盾的。就其思维的结论而言，有积极的一面；就其思维的方法和为此方法所制造的根据而言，其作用是消极的，甚至是恶劣的。直到今天，在科学昌明的时代，无类比附的方法仍在一部分人的思维过程中存在，在社会上流行就是明证。

再说“感通”。

在《周易大传》里，“取类”和“感通”是紧密连成一体的。它的“取类明义”在结论和推论的根据之间缺少必要的推理环节。但是，在《周易大传》看来，需要的不是逻辑推理，需要的却是非逻辑的“感而遂通”。《系辞上》：

> 《易》无思也，无为也，寂然不动，感而遂通天下之故，非天下之至神，其孰能与于此！

这是说《周易》有神奇的功能，它不思不为，就通晓天地万物的一切道理。这可以说《周易》特有的直接性思维，它摒弃了逻辑推理的一切过程。仅就这种非逻辑思维的特点而言，相当于人们所说的直觉思维。《彖》传在解《咸》卦时说："天地感而万物化生，圣人感人心而天下和平"，固然说的是万物交感，君主感化万民；但下文"观其所感，而天地万物之情可见矣"，就包涵着对天地万物的直观感受才能把握"天地万物之情"（本质、规律）。《彖》传解释《同人》卦时说："惟君子为能通天下之志"，也是这个意思。《大象》解经的通例，上释卦象，下云君子如何，先王如何，实即"感通"。

"感通"的直觉性和《周易大传》的"取类"紧密相关。《周易大传》的类比没有推理环节，从卦象、卦爻辞中直接得出结论。譬如，《大象》释《睽》卦时，推出"君子以同而异"。至于为什么能得出这个认识，《大象》认为没有必要详加论证。《系辞》对这种类推的直接性、非逻辑性，加以总结，称之为"感而遂通"。可见，"取类"和"感通"是《周易大传》意象思维中方法上的一体两面。如把自然、卦象和人同视为思维对象，从前两者推出后者应具有某种属性，采取某种态度和做法，则是"取类"；如把人视为思维主体，从自然和卦象中体悟出某种道理，这就叫"感通"。由此，我们可以说，《周易大传》的"取类"、"感通"相当于直觉类推，它来源于儒家孔孟，又有别于孔孟的直觉类推。

孔孟善于直觉类推，他们经常在人与人之间，个人与社会之间，人类与自然之间进行直觉类推。孔子把这种方法称为"能近取譬"（《论语・雍也》）。他的"取譬"常常是推己及人，推己及物。他说："己欲立而立人，己欲达而达人"（《论语・颜渊》）；"岁寒然后知松柏之后凋也。"（《论语・子罕》）孟子说："尽其心者，知其性也；知其性则知天矣。"（《孟子・尽心上》）在孔孟看来，这种直觉类推是有条件的，这个条件不言而喻，不必赘言：（一）人同此心，故己欲而知人亦欲立;(二)人与自然相通,故自己有不畏艰险的意志品格,则知松柏亦有不畏严寒的属性;人心与天道相通,则尽心、知性、知天。这实质上仍为直觉体认,是缺少类推根据的。所以我们称之为直觉类推。但孔孟的直觉类推具有理性倾向。第一,他们的思维对象是自然、社会、人心(思想观念等),是实存的,而不是虚幻的;第二,他们开始重视同类相推的原则。孔子说:“能近取譬。”朱熹注曰:“近取诸身,以己所欲,譬诸他人。”上引孟子说的“不知类推”,是批评那些不能“求其放心”的丧失良知者。孔孟以为,人与人同类;同类故能相推。他们以己之爱人之心,推而及人,才得出了富有人道主义精神的、普遍的仁爱原则。

而《周易大传》的“感通”则杂有非理性的神秘主义因素。

第一,“感通”的对象是双重的。《周易大传》认为,“《易》与天地准”,“冒天下之道”。《彖》、《象》、《系辞》实际上把“感通”引向《周易》的卦象和卦爻辞。其中当然包括着自然、人事的各种现象和变化规律。这是“感通”符合理性的一面,甚至可以说是主导的一面。《周易大传》同时又认为,《周易》所以“至精”、“至变”、“至神”是因为“参伍以变,错综其数”的《周易》筮法。因此,它要“以动者尚其变”,“以卜筮者尚其占”。这样,“感通”的对象就不纯是自然、人事的现象和规律,还包含有神秘的蓍数。

第二,“感通”的方法也是双重的。如从《大象》的体例看,其“感通”是一种直觉体悟。如按照《系辞》的说法,则“感通”是行筮问神。它说:“是以君子将有为也,将有行也,问焉而以言。其受命也如响,无有远近幽深,遂知来物。”又说:“是故君子居则观其象而玩其辞,动则观其变而玩其占。是以自天祐之,吉无不利。”这里所谓的“观象”、“玩辞”、“观变”、“玩占”,就是按照《周易》筮法行筮问神,断疑难,定吉凶。不只如此,还会受到上帝的保佑,“吉无不利”。

第三,“感通”还包涵着否定人类思维活动的内容。《系辞》说:“天下何思何虑,天下同归而殊途,一致而百虑。天下何思何虑,日往则月来,月往则日来,日月相推而明生焉。寒往则暑来,暑往则寒来,寒暑相推而岁成焉。”《系辞》从日月寒暑的运行推移体悟其“无思无为”的“自然”规律,并与人事作机械类比,从而否定了人类的思维活动。《系辞》还举出“冒天下之道”、“通天下之志”、“有圣人之道”的《周易》也是“无思”“无为”的。正因它“寂然不动”才“感而遂通天下之故”。《周易大传》“感通”说的神秘主义,非理性倾向,是很明显的。

第三节　变通和相推

《周易大传》对民族思维的积极贡献是它的“变通”和“相推”的理论。

什么是“变通”?《系辞》说:“一阖一辟谓之变,往来不穷谓之通。”它认为宇宙有一个机关或门户,“阖”“辟”,指宇宙的机关或门户的开闭,这就是“变”;宇宙机关或门户开闭的同时,具体的万事万物或出或入,或往或来,或进或退,永不间断地运行,这就是“通”。《系辞》又说:“变通莫大乎四时。”春夏秋冬四时的变化是自然的、永恒的,最为典型地体现着“变通”。可见,“变通”也就是“变化”。说“变通”,重在不同事物之间的联系;说“变化”,重在具体事物的性质的改变。“变通”或“变化”体现了《周易大传》观察事物不是静止的、凝固的,而是发展的、流动的思维方法,我们通常称之为辩证思维。辩证思维是《周易大传》的主要特点,是它对中国传统文化的积极贡献。

《周易大传》的辩证思维有两方面的来源，或者说受到了两方面的启示。《周易大传》的作者们有一个共同的观念，“明于天之道而察于民之故”。他们十分重视对天道——自然规律的观察和把握，以天道说明人道，以自然规律比附社会人事。《系辞》说：“在天成象，在地成形，变化见矣。”它正是对天象、万物具体形象的观察中获得变化观念的。《丰・象》说：“日中则昃，月盈则食，天地盈虚，与时消息，而况于人乎！而况于鬼神乎！”这段文字的意思是：“以宇宙事物之运行言之，日中则西斜，月满则亏缺，天地万物皆一盈一虚，随时消长，而况人之家国岂有长盛而不衰、长存而不亡哉，而况鬼神岂有长享一姓之祭祀，长赐一姓之福禄而不变哉。”①这就从自然界的变化进而推及整个宇宙，包括人类社会甚至是冥冥世界中的“鬼神”都处在永无停止的变化之中。《升・大象》说：“地中生木，《升》。君子以顺德，积小以高大。”自然界树木从小到大的生长过程启示了作者循序渐进的发展观念，并把它应用到品德修养中来。《序卦》认为《周易古经》六十四卦的排列体现着万物生成过程的次序，这个次序是从天地开辟起始的：“有天地然后有万物，有万物然后有男女，有男女然后有夫妇，有夫妇然后有父子，有父子然后有君臣，有君臣然后有上下，有上下然后礼义有所错。”这里对从自然万物到人类家国、礼义制度的发生过程作了粗略的勾勒，大体上符合自然史和人类文明史的实际。它说明作者是对自然和人类社会进行着动态的观察。这一切表明《周易大传》的“变通”思想、辩证思维来源于对自然界的观察，从而进一步肯定了客观世界万事万物的变化是普遍的。这种辩证思维对中华民族观察客观世

①高亨《周易大传今注》，齐鲁书社1979年版，第447页。

界、认识客观世界给与了积极的影响，是认识客观世界的思想武器。

《周易大传》辩证思维的另一个来源是《周易古经》筮法中的数变观念，这是一种富有神秘色彩的变化观念。对此本书第一章第三节已有所评述。《周易大传》本为解经之作，《系辞》中保存了古代筮法，受其影响，吸收其变化观念是很自然的。因此，《系辞》不厌其烦地多方强调《周易》是讲变化的书："《易》之为书也，不可远，为道也屡迁。变动不居，周流六虚，上下无常，刚柔相易，不可为典要，唯变所适。"按照《说卦》的说法，《周易古经》是由蓍而得数，因数而定爻，积爻而成卦。《周易》的变化主要体现在爻的变化，所谓"爻也者，言乎变者也"(《系辞》)。上引《系辞》说的"唯变所适"实指爻的变化。它由初到上逐渐移动，故曰："周流六虚"；它穷上反下，故曰："上下无常"；它还阴阳互变，故曰"刚柔相易"。《系辞》认为"《易》与天地准"，《周易》是对天地万物的摹拟；而这种摹拟，最根本的是摹拟天地万物的变化。据此，《系辞》说的"唯变所适"，实指爻的"变动不居"，爻的变化体现着天地万物的变化。这是值得肯定的。但是，这种"变通"观念是通过《周易》卦爻的变通表述的："《易》穷则变，变则通，通则久。"(《系辞》)这种辩证思维还有一个神秘的附着物，它不是中华民族在漫长的思维过程中纯粹的理性认识成果的抽象，其中还夹杂着神秘因素。因此，《周易大传》的"变通"观念还给民族思维以消极的影响。《周易大传》"变通"观念的两个来源决定了它的复杂性。从前者而言，它反映了人们认识事物的辩证思想；从后者而言，给它带来了神秘色彩和形而上学倾向。

"相推"即矛盾双方对立转化。这是《周易大传》"变通"观念的核心内容，是变化的内在原因。《系辞》说："刚柔相推而生变化。"

它有两重含义，一指卦爻的相推，一指事物的相推。按《周易大传》的通例，阳爻为刚，阴爻为柔。卦爻的相推就是阴阳的对立和转化。这种对立和转化是变化的根据，所以说，“刚柔者立本者也”（《系辞》）。如《剥·彖》说：“《剥》，剥也，柔变刚也”；《复·彖》说：“刚反……刚长也，复见天地之心乎！”按《剥》䷖卦，五阴在下，一阳居上。柔指阴爻，刚指阳爻。柔变刚言卦中阴爻由一到五逐渐剥蚀改变阳爻。《复》䷗卦一阳居下，五阴处上。“刚反”、“刚长”指初九阳爻由《剥卦》上九反回初位，且具有逐渐增长的态势。这是爻之“刚柔相推”，再说卦的“刚柔相推”。如《泰·彖》说：“小往大来”；《否·彖》说：“大往小来。”按《周易大传》的说法，乾为大，坤为小；下卦为内，上卦为外。《泰》卦下乾上坤，乾居内故曰“大来”；坤居外故曰“小往”。《否》卦则反之，乾居外，故曰“大往”；坤居内，故曰“小来”。这是卦之往来相推。《周易大传》把一卦的六爻和内卦外卦放在矛盾推移的循环运动中来考察，认为《周易》所以“唯变所适”其根本原因是阴爻与阳爻，内卦与外卦相互推移。这无疑是具有深刻意义的辩证方法。

“刚柔相推”的第二重意义是对立的具体事物相互推移。《系辞》说：“日往则月来，月往则日来，日月相推而明生焉；寒往则暑来，暑往则寒来，寒暑相推则岁成焉。”天地之间或明或暗是日月相推的结果。日来则明，月来则暗。这是自然界的“刚柔相推”。社会人事的不断变化也是由于社会内部的矛盾对立，相互推移。《革·彖》说：“天地革而四时成。汤武革命，顺乎天而应乎人。革之时大矣哉！”《革》卦是专讲变革的，变革源于矛盾的对立。按《革》䷰卦下离上兑。离为火，兑为泽，火克水，水灭火，有水火相克相灭之象，构成了矛盾对立。自然界是相互矛盾，相互推移的，如水火相克、四时推移；人类社会也是相互对立，相互推移的，如成汤之灭夏，周武之克商，这种政权的更迭，既符合自然规律，又适应社会变化的需要。《彖》传能够提出“革命”这一深刻的进步的思想，就是因为它把矛盾的对立和推移视为宇宙的根本法则。

这里有必要说明《周易大传》“变通”和“相推”的观念对古代辩证思维的贡献。就思维方法而言，除去否认事物有发展变化的形而上学不计，先秦时期影响较大者，主要有两种：一种是只看到事物有量的增减，看不到事物有质的变化，这以孔子为代表。孔子在评论夏商周三代时说：“殷因于夏礼，所损益可知也；周因于殷礼，所损益可知也。其或继周者，虽百世可知也。”（《论语·为政》）孔子的意思可分两层理解：（一）殷之于夏礼、周之于殷礼，有所因，亦有所损益，即有所增减，这是承认后代对于前代的礼乐制度有所增减；（二）肯定周王朝不会永存，有“继周者”；但“继周者”对周礼亦有因有革，有保存，有损益。这是认为事物不会有根本变化。这种因革损益的历史观与孔子强调传统、轻视创新的思想是一致的。和孔子上述思想相比，《周易大传》的“通变”观念大大前进了一步。它不仅用普遍变化的观点去看待事物，还认为事物的变化是不断创新。这体现在《系辞》说的“日新之谓盛德”和“生生之谓易”两个命题中。“日新之谓盛德”是说《周易》具有阴阳交感，生化万物，不断增新的伟大功用；“生生之谓易”是说阴阳转易相生，阴生阳，阳生阴，生而又生，无穷无止。二句合起来表达了不断生新的变化思想。太极生两仪，两仪生四象，四象生八卦，八卦生六十四卦……就是这样一个不断生新的变化过程。可见，“变通”观念已经不局限于从量的增减来看待事物的变化，联系《坤·文言》说的“臣弑其君，子弑其父，非一朝一夕之故，其所由来者渐矣”，说明《周易大传》已经具有渐变引起突变，量变导致质变的认识。这与孔子在旧事物基础上增减损益的观点有重大不同。

另一种是以老子为代表的只看到事物的变化却看不到事物变化的内在原因。老子说："合抱之木，生于毫末；九层之台，起于累土；千里之行，始于足下。"(《老子·六十四章》)老子从具体事物的观察中，已经感到事物的发展变化需要有一个不断积累的过程。随着量的积累才能完成事物的发展，实现性质的转化。基于这种经验，老子以抽象的哲学语言，概括为事物的变化要走向其反面的普遍规律。他说："反者道之动。"意思是："事物必然走向自己的反面，这是道的作用。"①老子用向对立方面转化的观点看待事物的变化是对辩证思维的一大贡献。但他认为这种转化的原动力是道；而道，在老子看来又是产生宇宙万物的总根源(无论认为道是物质的还是精神的)，这说明老子没有能够从具体事物的内部去探求变化的原因。应该说，老子的"反者道之动"仍有明显的形而上学的局限性。和老子上述思想相比，《周易大传》的"相推"则揭示了事物变化的内在根源。所谓，"相推"即矛盾双方的相互对立、相互推移。《周易大传》通过对《周易古经》的称赞反复阐述了变化源于矛盾"相推"的深刻思想。《系辞》说：

> 乾坤其《易》之缊耶！乾坤成列而《易》立乎其中矣。乾坤毁，则无以见《易》；《易》不可见，则乾坤或几乎息矣！
>
> 乾坤其《易》之门耶！乾，阳物也；坤，阴物也。阴阳合德，而刚柔有体。

这里所谓的"缊"，指变化的深刻意义；所谓的"门"，指变化的具体缘由。《系辞》强调，《周易》阐释变化的意蕴，体现变化的根由，都

---

①古棣、周英《老子校诂》，吉林人民出版社1991年版，第29页。

在于乾坤两卦的相互矛盾。因为乾代表阳，坤代表阴，乾坤两卦象征着阴阳矛盾双方的相互对立转化。由此才推衍出《周易》的六十四卦，才体现着天地万物的无限变化。如果没有乾坤两卦，矛盾消失了，就没有专讲变化的《周易》，也就没有天地万物的变化。《周易大传》用阴阳对立概括天地万物变化的根源，以“一阴一阳之谓道”的命题，揭示事物的变化源于自身的内在矛盾，是对古代辩证思维的重大贡献。

然而，《周易大传》的辩证思维也还有着明显的局限，这就是它的循环论和保盈持泰的思想。

《周易大传》是否有循环论，学术界有不同的看法。肯定者以《系辞》中“日月相推”、“寒暑相推”一段文字为据，认为这种“相推”并没把事物推进到更高的发展阶段，其循环论倾向是明显的。否定者以《彖》传和《序卦》对《既济》、《未济》两卦的解说为据。认为《既济》言事之成，矛盾已经解决，斗争已经止息，过程已经结束，故《彖》传说：“其道穷也。”而《序卦》说：“物不可终穷，故受之以《未济》，终焉。”就《未济》䷿而言，六爻皆不当位，刚柔交错，矛盾斗争重新显现出来。《彖》传释其卦辞曰：“小狐汔济，未出中也。”“中”指九二居下坎之中，坎为险阻，“未出中”犹言遇到险阻而未能脱离。这意谓新的矛盾已经出现，新的过程已经开始。按照《序卦》和《彖》传的理解，无论就《未济》卦象或就其在六十四卦所处之位置而言，都有矛盾不断，变化不止的思想。综观上述双方的意见，都有《周易大传》自身的切实依据，都反映着《周易大传》“变通”思想固有的不同侧面。我们不能以循环论否定其不断变化思想；反之亦然。老实的态度是承认其存在着相互矛盾的思想侧面。道理很简单，这是《周易大传》的实际。问题是如何解释这种矛盾。

在我看来，这并不难理解。

第一，《周易大传》并非一人之作，它的思想并非一个严密的统一整体。因此，各个部分之间思想观念的不同是必然的。不仅如此，即使同是《系辞》，各章的思想也不一致。它既有“天尊地卑，乾坤定矣，卑高以陈贵贱位矣”这类典型的形而上学不变论；又有“上下无常，不可为典要，唯变所适”的不断变化论。至于上述文字是否出于同一作者，我们不好推测；一种可行的解释是同一作者的思想中存在着相互矛盾的两个侧面。这样，我们便不会因《彖》传和《序卦》的不断变化思想而武断地否定《周易大传》有着循环论思想。

第二，这种循环论有其认识论根源。《系辞》说：“变通莫大乎四时”，可见，《系辞》主要是依据四时的交替来理解“变通”的。“人们看到日夜交替、四季循环往复，并没有新质出现。天文的变化是以几百年、几千年才表现出来的，而古代天文学不可能认识到这种变化，于是它便为循环论提供了根据。”①所以，同样重视天象观察的《彖》传也有循环论倾向。《复·彖》说：“反复其道，七日来复，天行也。”“反复其道”，即《泰》卦九三爻辞：“无往不复”；“七日来复”指《复》卦初九从《剥》卦而来，它周流六虚，从初到上，复反于初。“天行也”，犹言这是普遍规律。从《彖》传的解释看，似乎没有指明“反复其道”具有产生新质的意义，没有强调“复”是新过程的开始。《系辞》说：“穷则变，变则通，通则久。”《恒·彖》说：“天地之道，恒久而不已也，利有攸往，终则有始也。”前者说的“通”，是“往来不穷谓之通”；后者说的“久”，是天地的规律是永恒的，这种永恒，表现为“终则有始”。因此，对于《周易大传》的“变通”，我们不能执一地肯定其为不断变化论，还应该承认其有循环论的思想。一就是一，

---

①古棣、周英《老子通论》，吉林人民出版社 1991 年版，第 441 页。

二就是二,只求符合实际。

第三,这种循环论在春秋战国时期几乎成为变化观念的主要表现。老子说:"万物并作,吾以观复。夫物芸芸,各复归其根。归根曰静。"(《老子·十六章》)在老子看来,万物的运动(作)只是表面现象,最终都要回复到万物的初始状态——静。静是万物的本质。他就是要透过现象(作)观察到本质(静)。可以说,这是动静的循环论。庄子说:"消息盈虚,终则有始"(《庄子·秋水》;"穷则反,终则始。"(《庄子·则阳》)"万物皆种也,以不同形相禅,始卒若环。"(《庄子·寓言》)其循环论倾向是不难觉察的。以上说明道家两位巨子都有循环论。儒家的孟子把人类历史视为一治一乱的循环过程。所以他才说,"五百年必有王者兴"(《孟子·公孙丑下》)。治世和乱世的循环以五百年为周期,成为封建社会影响深远的历史观。至战国末期,《吕氏春秋》把这种循环论上升到宇宙发展的"圜道"观,"天地车轮,终则复始,极则复反,莫不咸当"(《吕氏春秋·大乐》);"泉水东流,日夜不休";"日夜一周,圜道也"(《吕氏春秋·圜道》)。上述老庄孟吕的循环论有一个共同特点:他们认为具体事物是运动的、变化的,如老子的"万物并作",庄子的"以不同形相禅",孟子的"五百年必有王者兴",吕不韦的"泉水东流,日夜不休";如从宏观上把握其运动规律,却又认为这种变化是一个"终则有始"的循环圈。注意到上述诸家循环论的特点,有助于我们理解《周易大传》"变通"思想的矛盾,可以说,它和上述诸家同样,只承认具体事物的不断变化,在总体上、根本上,它倒是主张不变的。这就是"天尊地卑,乾坤定矣;卑高以陈,贵贱位矣"的真实意蕴。以具体的、相对的变化谋求总体的、绝对的循环不变,是《周易大传》"变通"思想的实质。

为了说明这一实质,我们还要具体考察《周易大传》的保盈持泰。

月满为“盈”，天地交万物通为“泰”。盈，指事物发展的顶点，即将走向自己的反面；泰，指矛盾由对立斗争而统一，暂处于相对稳定状态。盈与泰都是现存事物矛盾统一性的表现。在这个意义上，盈与泰同义，保盈持泰都是维持事物的现存状态，谋求矛盾统一的永存。可见，保盈持泰是一个形而上学的反辩证法的命题。

然而，《周易大传》深观阴阳消息，认识到“日中则昃，月盈则食，天地盈虚，与时消息”；从日月盈昃进一步推衍出天地万物消息盈虚的普遍规律。在《周易大传》看来，认识这个变化规律具有指导行动的重要意义。因此《彖》传在解释《剥》卦时说：“君子尚消息盈虚。”“尚”者，尊重之意。它要人们尊重消息盈虚的普遍规律。如何尊重这个规律，《周易大传》为我们提供了两种不同的方法。

一种是“天地解而雷雨作”（《解·彖》），“天地革而四时成，汤武革命，顺乎天而应乎人”（《革·彖》）。由密云不雨到雷雨大作，这是自然现象中矛盾一方克服了矛盾另一方的结果。商汤之灭夏，周武之克商，这是人类历史上矛盾一方克服了矛盾的另一方，于是出现了新内容，新事物，新政权，实现了新旧交替。很显然，这是辩证的方法。

《周易大传》提供的另一种方法是保盈持泰的方法，它不是由矛盾的一方克服矛盾的另一方以实现新旧事物的更迭；而是调正矛盾双方，维持矛盾双方的相对平衡，以谋求现存事物的永存。这种方法在《周易大传》中不是个别的，而是普遍的。《泰·彖》说：“上下交而其志同也”；《大有·彖》说：“柔得尊位而上下应之”；《豫·彖》说：“圣人以顺动，则刑罚清而民服”；《咸·彖》说：“圣人感人心而天下和平”；《损·彖》说：“损刚益柔有时，损益盈虚，与时偕行”等等。我们以《丰》卦为例，试作分析。

䷶《丰》。亨,王假之。勿忧,宜日中。

按“丰”繁体字,象豆(祭器)之丰满者。卦辞可能是古代一次祭祀的记录。高亨曰:“亨即享字……此文所谓亨,殆非指一端,故曰:亨,王假之。之指代所至之处耳。勿忧者,言王有所禳祈,可以解祸得福,不须忧也。宜日中者,言举行亨祀,宜在日中之时也。”① 《彖》传据此发挥其保盈持泰的思想:

䷶《丰》,大也。明以动,故丰。“王假之”,尚大也。“勿忧,宜日中”,宜照天下也。日中则昃,月盈则食,天地盈虚,与时消息,而况于人乎!况于鬼神乎!

《彖》传以大释《丰》,是据字义解卦名,且与《序卦》“丰者大也”合。“明以动”,据卦象为说。《丰》卦下离上震,离为日,光明之象,震,动也;故曰“明以动”。“尚大”言王所尚者乃祭祀大事。此外,联系下文“宜照天下也”观之,意谓王之大事乃如日之普照天下,保治万民。这里关键的一句是“宜日中”。日未中或日西昃,其光皆不足。《彖》传深知“日中则昃”是必然规律,而又谋求日中未昃的理想状态。这就是“保盈”。引申到政治领域,就是要保持稳定的统治局面。“保盈”也就是“持泰”。《泰·彖》说的“天地交而万物生,上下交而其志同也”,就是君民一致,天下太平的盛世。可见《周易大传》反复强调的“明于天之道而察于民之故”,就是要永葆盛世。这样,《周易大传》的“变通”思想出现了矛盾:它在理论上承认“日中则昃”,日中是暂时的,而不是永久的;而一旦进入现实生活领域,

①《周易古经今注》(重订本),中华书局1984年版,第321页。

尤其是用以观察、指导政治统治时却又谋求政治统治的永久的“日中”。于是，从“日中则昃”的辩证认识走向了它的反面——形而上学。

应该承认，《周易大传》并不是那种浅薄的形而上学。它时刻不忘“日中则昃”，认识到国家政事有治必有乱。于是它还提出拯弊治乱，以保盈持泰。这主要体现在《蛊·彖》之中：

> 《蛊》元亨，而天下治也。……先甲三日，后甲三日，终则有始，天行也。

按，蛊，为腹中虫，人体之患害。《彖》传以为，蛊意谓着国家之弊乱。而以循环论的观点看待“蛊”，它又是治平的开始。所以说“先甲三日，后甲三日，终则有始，天行也”。《复·彖》说“反复其道，七日来复，天行也”。二处文字不同，思想完全一致。实乃“始卒若环”的循环论。所以，《彖》传说“元亨而天下治也”。对此，《程氏易传》有较精微的解说：“夫有始则必有终，既终则必有始，天之道也。圣人知终始之道，故能原始而究其所以然，要终而备其将然。‘先甲’、‘后甲’为之。所以能治蛊而致元亨也。”《彖》传治蛊致亨的思想，如站在现存的政治制度和现存事物的立场上看，是理智的、清醒的，因为它拯国家之弊，治社会之乱，调正了统一体中矛盾双方的对立关系，以谋求现存政治制度和现存事物的继续存在，因之它含有辩证法因素；如从人类历史发展的总历程看，从事物发展的变化规律来看，它又是凝固的，因为它所追求的是变化着的事物中的不变因素；它所调正的矛盾关系并没有发生质的改变。因而，治蛊的思想，实质是以变化图永存，虽然动人，却不宜过高评价，它不是辩证的思维方法。

再版后记

我在初版后记中写道:“本书竣稿,不禁想起我的三位师友。一位是我在吉林大学中文系读书时的佟冬校长,是他推荐我到东北文史研究所研习古文古史,此后我一直得到他多方面的关怀和帮助。我走进学术领域主要是这位老人栽培所致。如今,他已九十高龄,仍奖掖后学,为本书作序,更加深了我的感戴之情。一位是我在东北文史研究所期间的导师锺锺山先生。他指导我研习群经诸子,为我研究古代文化典籍指明了路径。他的人格和学品给我以极深的影响。一位是延庆同志。一九八四年,我与他相识在大连。此后几年的交往中,我俩就文学、艺术、哲学、宗教、历史、社会、人生作过多次深入的彻夜之谈。我们之间的谈话,开拓了我的视野,激发了我对文化问题的兴趣。这三位师友对我的学术生涯都有重要意义。”二十余年之后,本书再版之际,对已故佟冬校长和锺锺山先生表示深切怀念,对延庆同志致以谢意。中华书局编辑部同志决定本书再版,罗华彤先生、陈乔女士对本书出力尤多,在此一并致以敬谢。“嘤其鸣矣,求其友声”,这“友声”包括尖锐的说理批评。我诚恳地期待着方家、师友和读者对本书的指正。

二〇二〇年五月九日,作者于水润斋